Guillaume Litaudon

Triste monde tragique

Précédé de *Quelques éléments de réponse sur ma dépression*

2017

ISBN 978-2-900033-00-5

À ma famille,
et puis à Audrey, Caroline,
Claire, Élodie et Pauline.

Tel Lucrèce à Cicéron : voici mon œuvre, à toi la mise en ordre.

Quelques éléments de réponse sur ma dépression

Je préviens que ce texte va sans doute paraître un peu confus. Certaines connexions logiques manquent, et je n'ai ni le temps ni la force de les établir clairement. J'emprunte donc à Nietzsche cette découpe en plusieurs paragraphes distincts et autonomes, formant un tout lié dans une partie. Vous comprendrez aisément que je ne peux pas tenir ces propos à l'oral : d'une, parce qu'une demi-heure me parait trop court, de deux parce que la nature même de l'oral, où ma pensée n'est pas synchrone avec mes paroles, rend l'ensemble difficile à exposer.

Je souffre notamment parce que je suis seul, que personne ne peut comprendre pleinement cette souffrance, et donc que personne n'est en mesure de me venir en aide, ni même à me « toucher ». À ces abysses de l'aide désirée et à jamais inassouvie, s'ajoute alors la nausée existentielle de savoir que personne ne pourra communier pleinement avec moi.

Le *pourquoi* de cette solitude maladive est fonction de plusieurs paramètres, au titre desquels ma vision personnelle du monde. Je n'ai donc pas la place de détailler ici, mais quelques éléments ne feront pas de mal.

Historique

1

J'ai toujours été seul, à part, d'aussi loin que je me souvienne.

Si l'on voulait chercher des raisons, nous pourrions certainement en trouver dans mon intérêt précoce pour les livres, activité solitaire. Les premiers bouquins que j'ai dévorés sont des romans de Sherlock Holmes. La construction de mon mode de pensée, mais également de mon vocabulaire et de mes tournures de phrases, s'est faite sur des auteurs du XIXe siècle. Mes récréations se passaient invariablement sous un préau le nez dans un bouquin, dédaignant une quelconque activité sociale ou sportive. Lorsque l'on me privait de mes livres, je protestais en marchant en rond dans la cour, penseur péripatéticien avant l'heure. J'avais déjà plus d'affinités avec des auteurs morts qu'avec mes contemporains.

Une autre raison possible serait notre isolement familial. Nous avons toujours vécu à la campagne. Notre famille s'est renfermée sur elle-même, mes parents avaient peu voire pas d'amis, nous étions « le clan ». Je ne dis pas que je ne pouvais pas aller voir des camarades de classe, mais pourquoi demander à ses parents de faire plusieurs kilomètres quand eux-mêmes ne semblaient pas sortir ?

Arrivé en dernière année de primaire, l'institutrice demandera à mes parents pourquoi ils ne m'avaient pas fait sauter une classe. Je voulais à l'époque exercer un métier dans la cryptologie. C'est le début d'une affection de bien des enseignants à mon égard, ce qui, bien entendu, empirait ma cote sociale.

Si j'ai pu me faire quelques amis au collège, sur quatre années je peux facilement en compter deux passées à simplement fixer un mur, assis dans un escalier. Sur les dernières, le besoin d'affection faisait prendre n'importe quelle jeune fille comme cible de mes amours, toujours sans succès. Une camarade m'expliqua qu'il me faudrait attendre l'université, que les filles n'étaient pas encore assez mûres pour moi…

Ce besoin de trouver une « âme sœur », quelqu'un qui me comprenne parfaitement, m'a suivi au lycée. Je passai la première année à être une sorte de confident d'une grande partie des jeunes femmes de la classe. Ma capacité d'écoute attire nombre et nombre de gens, même parmi les plus étranges, mais passons. Confident, certes, mais cordialement détesté par l'ensemble de la gent masculine pour cette proximité, et la partie féminine me percevait plus comme « l'ami gay » que comme potentiel petit ami.

Du fait d'une bourde de ma part, due à un excès de confiance mal placé, j'ai terminé les deux dernières années de lycée comme cible d'un harcèlement public, le genre qui se produit quand un établissement tombe sur la sextape d'une jeunette, la poussant au suicide. Une solitude agressive, seulement ponctuée de quelques moments avec une première petite amie. Pas l'âme sœur intellectuelle recherchée, toutefois.

L'IUT informatique commençait d'ailleurs par sa rupture. Parmi les premiers de la promotion, j'avais dès le premier semestre le niveau pour corriger les travaux des professeurs, qu'ils fussent pompés sur Internet ou simplement truffés de fautes. J'aurais sans doute sombré si je n'avais pas découvert les paradis artificiels, et lié d'amitié avec une petite communauté de Dionysos en herbe, faisant passer mes émotions avant ma raison.

La seconde année marqua le début de ma plus importante histoire d'amour. Puis le passage en philosophie, les meilleures années de ma vie. J'avais tout pour moi : ce qui pouvait le plus se rapprocher de la sœur tant recherchée, des camarades passionnants pouvant me comprendre, mon propre appartement… Bref, je vivais.

Mais rapidement survint un problème qui s'insinua en moi : plus je philosophais, plus je me coupais du monde commun. Il me devenait progressivement de plus en plus difficile d'éteindre mes pensées, au point de n'en pas trouver le sommeil. Les conversations anodines sur la météo m'irritaient. Je ne comprenais pas comment des gens au premier abord intelligents pouvaient à ce point mal guider leurs pensées. J'en vins à haïr la cause qui se présentait à moi : la philosophie universitaire qui travestissait la discipline pour en faire une quête sans fin du système de pensée parfait. Je faisais mien le mantra de Descartes : il ne faut pas philosopher plus de quelques heures par an, et agir à partir de ce que l'on a produit.

La situation était explosive. Quand ma petite amie partit en voyage d'étude, je sombrais dans une profonde dépression, délaissant mes études, passant mes journées seul. J'aurais sans aucun doute pu obtenir cette licence, si je m'y étais attelé ne serait-ce que quelques heures par semaine.

Quand mon aimée revint, elle insista pour que l'on vive ensemble dans une autre ville. Le plan était simple : je trouvais du boulot, elle finissait ses études, tout cela dans le bonheur, la joie et l'allégresse. Ayant englouti mes maigres économies dans ce projet, sans amis à des dizaines de kilomètres à la ronde, je tentai avec acharnement de décrocher un job. N'importe lequel. Même au Service civique. Sans succès. Le reste du temps, je m'appliquais à devenir le parfait homme de maison, accomplissant toutes les tâches ménagères dans la solitude de notre appartement commun. Ce qui devait arriver arriva. Elle se sépara de moi après quelques mois de ce ménage, me laissant infortuné, brisé, sans but.

De retour au domicile parental, j'ai sombré. Mes amis éparpillés, sans le sou, je n'avais pour seule chaleur humaine que les messages envoyés par quelques proches. Et si la situation s'est quelque peu améliorée depuis, elle reste pour moi indépassable.

L'espoir de trouver un emploi s'envole un peu plus chaque jour. L'éventualité de partager ma vie avec quelqu'un reste inatteignable au vu des quelques courtes aventures au détour de sites de rencontres. Dans le peu d'interactions sociales qu'il m'est possible d'effectuer, je sens bien que la fatigue me submerge. Mes facultés cognitives ne sont plus suffisantes pour être en mesure de débattre quand l'occasion se présente, de toute manière.

Bref, je ne vois pas d'avenir. Le plus drôle, c'est que j'ai toujours su que je ne passerai pas la trentaine. J'avais surpris un de ces enseignants qui m'avait à la bonne lorsque, sur une fiche de début d'année, j'avais inscrit « mourir à trente-trois ans » comme projet d'avenir. Ce n'était pas pour le symbole christique, je suis agnostique. Je ne peux tout simplement pas me projeter au-delà.

La mort me panique, mais elle m'a longtemps appelé. Ce n'est pas tant de la fascination qu'une présence qui rôde autour de moi, seule compagne de ces années de solitude, revenant régulièrement me tenter après m'avoir laissé quelque répit. Ces derniers mois, elle se fait plus pressante, justement parce qu'elle sait que je n'ai plus de cartes à lui opposer. Un dernier coup de poker, peut-être ?

2

Nous nous vendons au monde exactement comme une entreprise vend un produit. Nous utilisons les mêmes codes, les mêmes méthodes marketing, publicitaires. Nous sommes devenus des produits à vendre. Professionnellement, sur le marché du travail. Sentimentalement, sur les sites et applications de rencontre. Personnellement, dans nos amitiés, nos relations. Psychologiquement, dans notre rapport à nous-mêmes et dans notre perception du moi.

J'ai joué l'autruche trop longtemps. Je pensais naïvement que cela ne concernait qu'une partie un peu abrutie de notre génération. Vous savez, celle dont les médias traditionnels aiment à se gausser. Mais j'ai rencontré certaines personnes plus jeunes, j'ai ouvert les yeux sur certains problèmes de féminisme. C'est l'air du temps, cela s'est aggravé avec la socialisation globale. Le monde est passé dans le paraître. C'est l'analyse que l'on donne à l'élection de Trump ces derniers mois : les faits n'ont plus d'emprise, seules comptent les émotions. À présent, le seul critère pertinent pour juger une œuvre artistique, cinématographique, vidéoludique, c'est de savoir si elle nous plaît ou non. Il suffit de prendre un bain dans les commentaires Youtube, Facebook, sur Twitter pour s'apercevoir qu'une critique argumentée ne sert plus à rien ; la popularité vient de l'émotion, plus du rationnel. Ce n'est pas un phénomène nouveau, après tout le marketing politique existe depuis des décennies. Ce qui est nouveau, c'est surtout l'ampleur que prennent les événements.

Je suis largué face à tout ça. Moi, le petit ouvert d'esprit qui voit plus loin que le strabisme de cette fille, que le surpoids de cette autre, le superficiel m'ennuie. L'émotion, c'est bien, mais sans intellect je me dessèche.

Je faisais cette réflexion à une amie : sur Tinder – et même sur les autres sites de rencontre –, les filles se ressemblent toutes. Les produits sont les mêmes. Tout y est sans saveur, les imperfections y sont gommées, tout ce qui pourrait faire l'épice, le sel d'une personne est aseptisé. Le comble, quand la *catchphrase* de Meetic est « si vous n'aimez pas vos imperfections, quelqu'un les aimera pour vous » !

Alors comment trouver de l'intérêt pour ce monde d'images ? Moi qui, de tout temps, ai recherché l'être en-soi et non son image, comment m'insérer dans cette société qui glorifie le paraître ? Si toutes les personnes se valent, comment faire un choix qui sera réellement impactant ? N'allons-nous pas vers une réduction à la moyenne, dans les relations sociales comme dans notre propre construction de nous pour coller à cette société ? Et, de là, comment s'étonner du malaise profond que peuvent ressentir celles et ceux qui ne sont plus en adéquation avec l'image que la société impose ?

Le corps

« *I thought what I'd do was, I'd pretend I was one of those deaf-mutes. That way I wouldn't have to have any goddam stupid useless conversations with anybody.* »

Salinger, *L'Attrape-cœurs*, chapitre 25

3

Je ne suis pas dualiste au sens cartésien. Je pense néanmoins qu'il existe bien une dichotomie entre le matériel et l'immatériel[1], en cela que l'immatériel dérive du matériel[2]. Je définis l'immatériel (l'âme platoniste ou l'esprit cartésien en somme) comme non seulement une particularité physique mais aussi un phénomène qui émerge dans un système à un certain niveau de complexité.

L'analogie qui me paraît la plus pertinente est celle d'un écran d'ordinateur, ou même une télévision. Les images ne sont pas physiquement stockées sur l'ordinateur, elles ne l'étaient déjà pas du temps de la télé analogique. C'est l'ordinateur lui-même qui les recrée, tout comme la télévision cathodique les rendait en bombardant d'électrons un écran réactif. Le fonctionnement du cerveau en matière de mémoire est analogue : il ne fait que recréer

1. Ne serait-ce qu'en termes scientifiques, avec les avancées du siècle dernier en physique. Les ramifications des travaux contemporains à Einstein sur la mécanique quantique, puis la théorie de Kaluza-Klein pour en arriver à la théorie M, supposent une autre approche du problème matériel/immatériel. Quand la matière ne représente plus que trois des onze dimensions supposées, soit on restreint l'immatériel en termes physiques en tant qu'ensemble de dimensions non matérielles, ou bien on considère que toutes les dimensions sont matérielles, ou bien encore on pense l'immatériel comme projection du matériel, dérivé en quelque sorte. Cette troisième option a ma préférence : elle a le mérite d'expliquer simplement en quoi les couleurs n'existent pas (autrement que comme interprétation du cerveau), et pourquoi ces mêmes couleurs ne sont pas interprétées de la même manière selon les individus (daltonisme, etc.).

2. Je me pose en contradiction directe de Platon et de ces néoplatoniciens déguisés en aristotéliciens que sont les chrétiens catholiques. Il n'existe pas « d'arrière-monde », de « monde des Idées », où l'intelligible règne en maître, en dehors de tout être sensible. Au contraire, l'intelligible provient du sensible, il n'est pas sans lui. En termes philosophiques, il n'existe pour moi que des étants réels singuliers, aucun universel réel.

le souvenir à partir d'éléments disparates, y compris des éléments inventés de toutes pièces (de telle sorte que l'on puisse, à sa guise, se revoir en train d'agir, à partir d'une vue « externe », comme si l'on avait mémorisé une scène filmée par une caméra). L'immatériel n'est alors qu'une interprétation, une traduction, d'un objet sensible par un objet sensible.

De même que des millions d'années d'évolution ont complexifié l'œil pour en faire l'argument phare[3] de la perfection divine pour les créationnistes, le système nerveux s'est incroyablement complexifié pour faire apparaître ce sur quoi les philosophes se sont cassé les dents durant des millénaires : l'âme, l'esprit, la raison… En un mot, le « fantôme dans la machine »[4].

4

Mon corps est un véhicule. Il ne m'apporte du plaisir qu'en de rares occasions, notamment quand je suis en couple, ou bien que je transfigure mes sens pour altérer mon esprit[5]. Or, il m'est plus souvent douloureux, ou simplement apathique, que plaisant. Les comptes ne penchent pas en sa faveur.

---

3. Mais totalement bidon, soyons honnêtes.

4. cf. Gilbert Ryle, Arthur Koestler et, dans une moindre mesure, Masamune Shirow.

5. Une manière polie de dire « quand je me drogue ». Parce que c'est essentiellement cela, soit par un agent externe comme l'alcool, soit en faisant fabriquer au corps son propre agent chimique comme la dopamine, l'adrénaline, la sérotonine, le cortisol, etc.

Le fait de sentir mes os me renvoie instantanément à ma matérialité, donc à ma propre mortalité. Chaque fois que je me palpe, je sais que je ne suis qu'un être fragile voué à disparaître, entraînant mon esprit dans sa chute.

Cette peur de la mort[6], elle me suit depuis ma petite enfance. L'épisode traumatique n'est pas aussi spectaculaire qu'un accident ou le spectacle d'un proche décédé, non. Il s'agit simplement de la vision d'un arbre décharné par l'hiver, dont la silhouette tranchait le ciel nocturne sur lequel la fenêtre de ma chambre d'enfant donnait. C'est mon premier souvenir de cette panique existentielle qui m'assaille encore de temps à autre.

Alors avoir un rappel constant de cela n'aide pas à accepter ce corps comme autre chose qu'hostile.

5

On pourra toujours tenter de me raisonner, mais qu'y a-t-il à aimer dans mon corps ? Pourquoi devrais-je le considérer comme autre chose que le vaisseau transportant maladroitement un esprit captif ? Surtout si l'on considère le nombre de tares qu'il se coltine. Faisons l'inventaire, voulez-vous ?

- une calvitie précoce, des cheveux trop fins pour servir à quoi que ce soit, et un cuir chevelu sensible accumulant les boutons et autres croûtes de sang ;
- des oreilles sales, malgré un nettoyage quotidien ;

6. Dont l'effet est palpable, similaire à la Nausée de Sartre : angoisse, répulsion et nausée face non plus à l'existence, mais à sa fin.

- une peau du visage qui pèle, héréditaire ;
- des boutons vestiges de rasages sur une peau sensible ;
- une barbe qui ne pousse pas de manière cohérente, équivalent masculin du sein plus gros que l'autre ;
- des dents placées au petit bonheur la chance ;
- un nez imposant, à la végétation débordante ;
- un visage agressif ;
- des rides au front dès le moindre mouvement sourcilière ;
- des boutons dans le dos bravant tout effort ;
- un dos voûté ;
- des côtes visibles, une « carcasse » ;
- des bras rachitiques ;
- un teint trop clair ;
- par pudeur, ne parlons pas de la zone pelvienne, mais elle n'est pas en reste ;
- des pieds régulièrement en proie à des mycoses.

Précisons que tout ceci m'a été rapporté, il ne s'agit pas tant de mon propre regard que de celui des autres à mon égard. Le mien ne peut se construire qu'en agrégeant ceux-ci.

À cela, on pourrait arguer l'éternel « mais pour plaire aux autres, il faut d'abord se plaire ». Je déteste cet aphorisme, car il montre la pensée limitée de la personne qui le balance sans réfléchir. Il n'y a pas de causalité ici, mais une réciprocité. Mon corps est ce qui est présenté aux autres, ce qui est public. D'une certaine manière, il appartient plus aux autres qu'à moi-même[7], puisqu'il n'est pas représentatif de ce que je suis. Il est même obstacle à ce que les autres communient avec moi. Certes, je conçois bien « se plaire » et « plaire aux autres » comme deux objets distincts, mais sans séparation causale entre les deux ; ce sont des vases communicants.

Alors, n'y aurait-il pas quelque chose que les gens apprécient de mon corps ? À ce que je sache, les yeux, les mains, et le sourire semblent plaire. Mais guère plus.

6

Quel est l'atome de l'Homme, sa plus petite unité insécable mais suffisante en elle-même à le définir ? Je veux dire : prenez, comme expérience de pensée, votre voisin de palier. Coupez-lui les bras. Est-ce encore un homme ? Nous avons toutes les raisons de croire que oui, en effet, c'est toujours un être humain. Découpez, et découpez encore. À quel stade peut-on dire – si tant est qu'on puisse

---

7. Oui, j'ai conscience que c'est un terrain glissant, mais c'est pourtant bien ce que nous dicte la société ; le port d'un uniforme ridicule sans poches dans la restauration rapide, d'un badge mentionnant les mensurations des hôtesses de magasins de lingerie, ou même le contrôle strict des « pauses-pipi » dans certaines universités ne sont que les épiphénomènes d'une perte du corps.

le dire – que ce voisin a cessé d'appartenir à l'espèce humaine, qu'il n'est, tout au plus, qu'un corps pensant ?

Alors puis-je être un homme avec seulement des mains, des yeux et un sourire ?

7

Que dire de mon teint clair, trop clair d'après les remarques que l'on me fait, et d'après l'image que voudrait m'imposer la société ? Il y a un siècle, il était mieux vu d'être d'un blanc laiteux, puisque cela distinguait les bourgeois des travailleurs agricoles. Le canon de beauté était tout autre. À présent, on associe au teint hâlé un attribut mythologique presque médical : le bronzé sort de chez lui, il respire un air pur, il se met en mouvement, bref, il est sain. Par opposition, le pâle est donc malade, sédentaire, moins apte. Il est suspicieux d'être blanc comme un linge : qui est cette personne qui ne semble pas sortir de chez elle, est-elle chômeuse, fainéante ? Pourquoi ne suit-elle pas les préceptes pourtant répétés, donc avérés, de notre sacro-sainte Hygiène de Vie ?

De même pour le poids. Pour avoir été le compagnon et l'ami de plusieurs personnes en surpoids, je comprends la pression des regards et des mots que peut faire peser sur des individus la société. Sans aller jusqu'à comparer ma situation à la leur en termes qualitatifs, le fait d'être « maigre comme un clou » me rend cible de nombreuses remarques. Petites phrases qui, si elles n'ont l'air de rien, font force de diktat une fois suffisamment répétées. « Mange, t'es pas gros », « il faudrait te muscler un peu, faire de l'exercice » et autres « vu comment t'es maigre… » Cela ne constituerait qu'une nuisance que je pourrais balayer de la main, si elle ne me parvenait pas le plus souvent de ces mêmes proches avec quelques kilos « en trop ». Je comprends bien que j'agis comme un miroir pour ces personnes, que je les renvoie à leurs propres insécurités. Mais est-ce une raison pour que mes proches transfèrent sur moi les sévices que leur inflige l'idéologie dominante ?

Mais si l'on me traite de maigre, pourquoi ne pas manger ? Eh bien, cela tient en plusieurs points. Premièrement, je souhaite mourir, ou au moins m'affaiblir suffisamment. Ne pas nourrir ce corps pouvait aider à atteindre ce but. Ensuite, ma famille a toujours souffert d'une grande pauvreté et en tant qu'aîné j'ai intériorisé involontairement la mesure dans l'alimentation[8]. Et puis, j'ai très certainement été influencé par la façon dont sont traités la quasi-totalité des personnages fictionnels « bons vivants » en matière de nourriture : ce sont généralement des comiques, tournés en ridicule ou gentiment moqués[9]. En bref, il est rare que la nourriture soit pour moi une source de plaisir.

8

J'ai des problèmes à l'oral. Mes pensées se taisent lorsque j'expulse un son, ou bien devancent mes paroles et il

8. Soyons bien clairs : nous n'avons manqué de rien. C'est simplement qu'ayant conscience des ressources, je me suis inconsciemment sacrifié, rien de plus.

9. Vous rappelez-vous de Homer Simpson ? Des Hobbits grillant leurs saucisses en toute insouciance ? De Karadoc au lit bordé de saucissons ?

m'est nécessaire de « rembobiner ». À côté de ça, je pèse certains mots, évaluant chaque scenario pouvant découler de leur usage. Certes, nous avons mes interlocuteurs et moi un langage commun. Mais la connotation, la couleur de chaque terme est différente chez chacun, de telle sorte qu'il m'est difficile de trouver un consensus. Lorsque, lassé de ce travail je l'abandonne, il se produit généralement au mieux un quiproquo, au pire une guerre.

Une denture pourrie par l'héritage paternel, que je tente de dissimuler depuis ma plus tendre enfance suite à de nombreux commentaires (intériorisés corporellement au point de ne jamais sourire « à pleines dents »), impaire mon élocution par cet effort. Le ton de la voix doit être contrôlé également, ainsi que l'expression faciale, puisque le moindre relâchement de ma part est perçu comme agressif par mes spectateurs.

Sans compter le fait que je doive fournir ces efforts *en fixant des yeux l'interlocuteur* (comme le prescrit la convention sociale) remarquant ainsi tout un ensemble de micro-expressions comme autant de *feedbacks* me distrayant de mon propos.

Décortiqué ainsi, ce qui paraît être une évidence quotidienne devient vite un travail, dans le sens étymologique de torture. J'en ressors plus épuisé à chaque fois.

L'esprit

« Au fait, nous remarquons que plus une raison cultivée s'occupe de poursuivre la jouissance de la vie et du bonheur, plus l'homme s'éloigne du vrai contentement. Voilà pourquoi chez beaucoup, et chez ceux-là mêmes qui ont fait de l'usage de la raison la plus grande expérience, il se produit, pourvu qu'ils soient assez sincères pour l'avouer, un certain degré de misologie, *c'est-à-dire de haine de la raison. En effet, après avoir fait le compte de tous les avantages qu'ils retirent,* [...] *ils trouvent qu'en réalité ils se sont imposé plus de peine qu'ils n'ont recueilli de bonheur ; aussi, à l'égard de cette catégorie plus commune d'hommes qui se laissent conduire de plus près par le simple instinct naturel et qui n'accordent à leur raison que peu d'influence sur leur conduite, éprouvent-ils finalement plus d'envie que de dédain. »*

Kant, *Fondements de la métaphysique des Mœurs*, Première section

9

Le problème est que je me sens seul, pas en adéquation avec le monde. Or, la plupart de mes contemporains, si l'on omet quelques exceptions, semblent plutôt bien vivre avec le monde, ou du moins sont-ils indifférents à celui-ci. Le sentiment ne provient donc que de moi, sa cause est à trouver en moi-même. Quand bien même ce serait le monde qui est défaillant, me laissant seul homme sain dans l'apocalypse, il ne va pas s'acclimater à mes désirs, et je ne peux l'y forcer.

Cela pose donc la question : pourquoi suis-je l'exception, qu'est-ce qui me distingue du reste des êtres pensants ? Et, même si je ne suis pas l'erreur dans le programme, que cette solitude et ce déphasage sont communs à un grand nombre d'êtres humains, comment atténuer la douleur qui en résulte ?

Ce qui fait que je suis moi et pas un autre, mon *identité*, est-ce défini par mes actes ou par mes souvenirs ?

10

J'apprécie la conception lockéenne de l'identité[10], notamment en ce qu'elle ne fait pas du « moi » une substance

10. Je ne parle ici que d'une identité synchronique, comme unicité par rapport aux autres (on peut la rapprocher de l'identité personnelle en sciences sociales, en opposition avec l'identité sociale). L'identité comme identicité à travers le temps est bien plus complexe, notamment si l'on admet l'hypothèse cartésienne d'un temps « divisé en une infinité de parties, chacune desquelles ne dépend en aucune façon des autres » (Descartes, *Méditations métaphysiques*, Troisième méditation). L'identité temporelle implique un temps continu, certes divisible à l'in-

immatérielle, et qu'elle se base sur l'introspection. Le sujet est seul juge de lui-même, il se sait identique à ce qu'il a été. L'identité est alors fondée sur les souvenirs : si j'ai le souvenir d'avoir commis un acte, alors je suis la personne qui l'a fait, la réciproque étant vrai. L'idée est séduisante, et même si elle a besoin d'être raffinée[11], je la reprends ici. L'ensemble des expériences contribue à construire l'identité. L'identité est alors une somme de souvenirs que l'on s'attribue, donc une somme d'informations.

J'ai alors un problème pour définir mon identité et, tant qu'il n'est pas résolu, je ne peux que douter de ce que je suis, de moi, et donc du monde. Ce problème porte sur l'authentification du souvenir, en tant que je ne peux être certain qu'il s'agisse bien d'un de mes souvenirs. En effet, outre le fait que la mémoire ne fonctionne que par recréation et non par stockage en dur, l'existence (certes contestée) de faux souvenirs[12] est suffisante pour me laisser dans un état d'*épochè*[13], de suspension du jugement,

fini, mais dont les parties dépendent les unes des autres. Si le Dieu cartésien recrée le monde à chaque instant, alors on ne peut être certain de notre identité qu'à l'instant présent, et non à travers le temps.

11. Voir les travaux de John Perry, par exemple.

12. « Des personnes croient qu'elles ont vu des choses qui n'ont jamais réellement existé, ou qu'elles ont vu les choses d'une manière différente de celle qu'elles étaient. [...] Une fois adoptés, les souvenirs nouvellement créés peuvent être aussi puissants que les souvenirs authentiques. » (Elizabeth Loftus, bien que la théorie remonte à Freud) Sans parler des cas où le souvenir est réécrit par la volonté même de celui qui s'en remémore, ou même purement construit à partir des témoignages de témoins de l'événement. Par exemple, j'ai un vague souvenir de mon premier mot prononcé, alors même qu'il est impossible d'avoir gardé cela en mémoire.

13. ἐποχή .

quant à qui je suis. Si je n'ai pas de fondations solides à mon identité, dois-je réellement y construire dessus mes actes ? Comment alors être certain que c'est moi qui agis, et non un autre[14] ?

Cela me laisse encore plus seul, puisque je ne peux que douter de qui je suis. Dois-je alors tenter de me définir par mes actes ? Après tout, n'est-ce pas ainsi que les autres me définissent ?

11

Nous l'avons vu, je n'arrive pas à épingler une identité subjective, peut-être celle qui est perçue par les autres est-elle suffisante pour trouver un point d'accroche ? L'identité sociale, nous expliquent les sociologues, est prescriptive. Elle s'applique à l'individu, plus qu'elle n'émane de lui. En tant que jeune homme, je suis perçu, et je me perçois comme jeune homme[15]. J'ai un rôle à endosser, suivant une norme définie pour une catégorie.

Sans entrer, pour le moment, dans les mécanismes d'intériorisation de cette identité, je constate déjà que cette identité sociale m'isole. Certes, elle permet la communication sur des points communs, mais cette communauté des

---

14. Ça paraît évident, puisque empirique, mais voyez les choses ainsi : rien ne me dit que je ne suis pas la marionnette de quelque entité supérieure, ou que mon corps agit seul en ne me laissant que l'illusion d'être le maître à bord – les neurobiologistes ne nous expliquent-ils pas que la conscience n'apparaît qu'en dernier recours lorsqu'une décision doit être prise ?

15. Catégories sociales, « étiquettes » qui ne proviennent pas de moi. Je sais que je suis jeune parce que la société me montre que je le suis, par rapport aux autres individus.

étiquettes gomme et la complexité de mon être, et l'unicité de celui-ci. C'est paradoxal, j'en ai conscience, mais un individu ne se sent-il pas plus seul dans un océan de clones, puisque justement il sent qu'il n'est pas eux[16] ? D'autant que cela accentue encore plus cette solitude : pourquoi les autres ne souffrent-ils pas de leur situation comme moi je semble en souffrir ?

Et si l'on entre dans les mécanismes d'intériorisation, alors l'isolement est total. De multiples expériences en psychologie sociale (parmi lesquelles les plus célèbres comme celles de Asch, de Milgram ou de Stanford[17]) démontrent le succès de la pression collective sur l'identité. Dès lors, comment ne pas se considérer non plus comme un être existant en-soi, mais comme un attribut de cet être global qu'est l'Espèce Humaine[18] ?

---

16. Notion difficile à appréhender, mais que l'on peut comparer à celle de la « vallée de l'étrange » : un robot ressemblant trait pour trait à un humain dérange le spectateur, parce que la moindre imperfection paraît monstrueuse. Ainsi, l'existence même de subtiles différences isole d'autant plus l'individu.

17. Ces deux dernières sont à rapprocher de la pensée d'Annah Arendt sur la question de la responsabilité dans un système totalitaire pour voir à quel point l'individu se conditionne de lui-même à un rôle assigné, du moment qu'on lui retire la responsabilité, et donc la faculté de juger la situation. Le fait d'appartenir à la même espèce, et d'en partager ces faiblesses, me remplit d'une grande tristesse.

18. En tant que « l'homme est un animal social » comme l'écrivait Aristote. Les travaux de linguistique, notamment de Noam Chomsky, montrent d'ailleurs que sans langage comme acquis social, pas de formation de la pensée intelligente. Et alors le fait de se dire que c'est la société (soit l'espèce, c'est la même chose) qui désire, activement ou passivement, que je souffre est pour le moins… blessant.

« Mais, pourrez-vous me rétorquer, c'est oublier que l'on *peut* agir, qu'au moins une partie de l'identité sociale *peut* émaner de nous. Après tout, quand bien même on nous assignerait un rôle, libre à nous de faire en sorte que nos actes changent la manière dont nous sommes perçus, et donc progressivement, ce rôle. » C'est juste, et c'est pourquoi nous devons nous aventurer sur le chemin épineux de la liberté. Car, en admettant que l'espèce ne fasse pas de nous des mèmes[19], encore faut-il que l'individu agissant soit libre. Dans le cas contraire, son identité ne provient pas de lui-même, mais est bien prescrite.

12

Ma vision du libre arbitre est difficile à résumer en quelques paragraphes. Elle emprunte à Spinoza[20], Schopenhauer, Leibniz, mais également au structuralisme français, saupoudré d'un bon *habitus* de Bourdieu[21]. En bref,

---

19. Élément culturel répliqué par imitation d'un individu par d'autres. La mémétique nous enseigne que les mèmes évoluent à travers nous, on ne peut que créer les conditions favorables à leur apparition et à leur réplication.

20. « L'expérience n'enseigne pas avec moins de clarté que la Raison, ce fait que les hommes se croient libres par cela seul qu'ils sont conscients de leurs actions et ignorants des causes qui les déterminent. » (Spinoza, *Éthique*)

21. « L'habitus est le produit du travail d'inculcation et d'appropriation nécessaire pour que ces produits de l'histoire collective que sont les structures objectives (e.g. de la langue, de l'économie, etc.) parviennent à se reproduire, sous la forme de dispositions durables, dans tous les organismes (que l'on peut, si l'on veut, appeler individus) durablement soumis aux mêmes conditionnements, donc placés dans les

disons que cette conception penche fortement vers le déterminisme, laissant le libre arbitre comme dernier recours.

Si je ne suis pas libre, alors l'acte me sortant du gouffre ne peut provenir de mon moi conscient, à moins de connaître avec précision l'ensemble des déterminants qui guident mes actions. Le corollaire, c'est qu'il ne peut pas non plus venir d'un autre conscient. Est-ce à dire que cet acte ne peut arriver ? Non, bien sûr, mais l'espoir est mince, et le travail titanesque.

13

Nous voilà bien avancés : je ne sais ni qui je suis subjectivement, ni comment je peux le découvrir. Comment, dans ces conditions, agir en accord avec « moi-même », pour l'intérêt d'une personne qui me semblerait étrangère[22] ? Et si je ne sais pas qui je suis, comment l'autre peut-il le savoir, me comprendre, me « toucher », ou bien encore m'aimer ? N'est-ce pas là faire preuve d'égoïsme que d'accepter de l'autre qu'il se jette dans cet abîme que je suis ?

Alors plutôt que de chercher l'identité du côté d'une mémoire faillible ou d'un rapport au monde, et si je reprenais le chemin de Descartes ? *Res cogitans*, « je ne suis donc qu'une chose qui pense, c'est-à-dire un esprit, ou une intelligence, ou un entendement, ou une raison »[23]. Est-ce

---

mêmes conditions matérielles d'existences. » (Bourdieu, *Esquisse d'une théorie de la pratique*)

22. Autrement qu'en invoquant une doctrine morale de façon arbitraire ?

23. Descartes, *Méditations métaphysiques*, Seconde méditation.

suffisant ? Ce qui fait qui je suis, distinctement des autres, n'est-ce pas la façon dont la raison me pousse à toujours remettre à l'essai le monde, les autres, et avant tout moi-même ? La source de ma souffrance serait ainsi ce qui me sert d'identité ?

14

On peut me reprocher de me prendre la tête pour rien, qu'il suffit de ne pas y penser[24]. D'accord. Alors pensons, ensemble, à autre chose. Prenons de la hauteur, voulez-vous ?

- Au niveau social, le fait que les conclusions de Bourdieu sur l'éducation soient toujours d'actualité, voire que le phénomène s'accentue plus de cinquante ans après, n'est malheureusement qu'un exemple de la situation de plus en plus délétère.

- Au niveau politique locale, le jeu théâtral des élections est d'une tristesse exemplaire et, pour le spectateur attentif, dessine les grandes lignes de l'idéologie en vogue.

- Au niveau sociétal, les maigres avancées sur le terrain des LGBTQ+ s'accompagnant d'une accentuation mécanique de la haine et de la peur ne laisse rien présager de bon.

24. Voire que ma souffrance n'est pas légitime par rapport à celle d'autres qui ont traversé des épreuves, des expériences, bien pires.

- Au niveau politique globale, les États sont de plus en plus enclins à attaquer leur propre population en plus de celle de leurs voisins.
- Au niveau économique, alors que TINA[25] était à l'honneur avant ma naissance, le libéralisme désentravé n'a fait que progresser sans que personne ne soit en mesure d'y faire barrage.
- Au niveau écologique, ai-je besoin de préciser ?

Je pourrais traiter tous ces sujets, vous avez déjà un avant-goût du maigre travail que je peux produire sous les yeux. Le tableau ne risque pourtant pas de s'éclairer, bien au contraire. Alors quoi ? L'unique solution que je vois, c'est de détourner les yeux, à défaut de pouvoir changer les choses. Or, je n'y arrive pas, précisément parce que ces « yeux », c'est ma raison. Il me faudrait faire taire cette raison, donc ce qui fait que je suis *moi* (si tant est que l'on puisse utiliser ce terme, comme nous l'avons vu).

Autrement dit, il me faut mourir, métaphoriquement ou réellement. J'ai trop longtemps tenté d'affaiblir le corps pour atténuer l'esprit, et cela ne m'a mené nulle part. Il est nécessaire de trouver plus radical.

---

25. Surnom de Margaret Thatcher de part sa phrase fétiche « *There is no alternative* ».

Triste monde tragique

Avant-propos

Il fait chaud, trop chaud ! Je ne peux m'endormir. Non à cause des gouttes épaisses serpentant lentement sur mon corps en y laissant une traînée de braise – bien que ça puisse y contribuer –, mais plutôt parce qu'il me faut écrire.

Je ne peux dormir maintenant, je suis trop près, trop près ! du but, de la case à remplir. Dormir serait une perte de temps, je me relèverais abâtardi comme n'importe quel Français moyen au mieux de sa forme. Je dois écrire, tant que les idées sont là ; et si l'insomnie est ma plaie, dont les phrases jetées en un trait sont le baume, alors je ne me reposerais qu'une fois qu'elle sera résorbée – ou qu'elle aura eu raison de moi. Et bien que ces lignes ne soient pas écrites à l'intention de quiconque, qu'elles ne soient que les produits d'un esprit dégénéré en proie à la maladie, j'espère qu'elles sonneront vraies et que vous en oublierez le caractère fictionnel pour voir un bref instant par mes yeux.

La création. Ce qui permet de placer les pièces du chaos dans un tableau incomplet, imparfait. Vous savez de quoi je parle. De cette pulsion qui vous déchire les entrailles en deux, le cerveau en éclats incommensurables ; cette pulsion qui vous sort de votre lit et vous assoit devant votre écran, votre machine à écrire, votre feuille, la clope se consumant sur vos lettres alors qu'elles crépitent dans une mélodie que vous n'êtes même pas conscient de produire. La fumée s'élève de votre seconde phalange, allant finir sa course dans un cimetière de cendres débordant du cendrier.

Le fond sonore reflète la tendance du moment, les accords que vous souhaitez incorporer dans la pâte de votre œuvre, en filigrane, sous-jacents, comme un fil conducteur qui explose ou calme selon l'instant. *One pill makes you larger.* La musique porte chaque mot, chaque lettre, chaque impulsion donnée à l'ensemble. Elle s'élève, petit à petit, tambour tapant la cadence des doigts. Chaque texte est musical, bien que je concède que les textes de Stéphanie Meyer soient soporifiques. Mais enfin ! Chacun recèle un peu de l'ambiance, de l'environnement, de l'état d'esprit ou trait d'humeur de son auteur. *Come on people, now.* Vous prendrez bien un petit shoot de Thompson ? Car c'est bien cela, c'est presque uniquement cela : prenez un coup à chacune des phrases que vous lisez, comme l'auteur s'est torturé les membres à chaque mot qu'il tapait frénétiquement, électriquement. Le corps ne devient qu'un support pour transporter un message, une parcelle de vérité, un morceau de vie, vers une infinité potentielle de corps. Le transport en commun cérébral passe par l'écriture des entrailles.

Mais tout cela ne résout pas notre problème, à vous, à moi, auteurs écrivant non pour manger mais pour vivre, car c'est la seule possibilité qui nous est offerte pour ne pas mourir d'une douleur abyssale. Car comment vivre avec cette maladie qui nous accable au point de passer des heures à fixer des pensées, oubliant de nourrir notre corps souffreteux, sachant que notre véritable passion n'est pas en train de dormir à nos côtés, qu'il faut l'accoucher péniblement en dehors de toute chaleur humaine ? S'il y a un remède, je ne le connais pas ; c'est une maladie cérébrale, une addiction, une drogue dure qui nous tuera, car si d'aventure nous arrivions à ne plus en consommer, nous saurions avoir perdu ce qui faisait l'architecture de notre être.

Mettez-vous face à votre écran, un casque chargé à bloc d'une musique bourrée de vie, et laissez vos doigts partir d'eux-mêmes. C'est alors qu'agit la véritable magie. Nul besoin d'être un écrivain, nul besoin d'être un Pulitzer, nul besoin d'être un Nobel. Ce qui remplit la page virtuelle devant vous, trouant l'espace de caractères au coup par coup, ce n'est pas le génie, c'est la pensée, aussi pure que l'air que vous respirez.

Voilà pour l'inspiration, mais le sujet, ce putain de support qui, s'il n'existe pas, ne vous permet pas d'être compris par tous, ni même par vous-même, où est-il ? Les écrivaillons sans réflexion propre, ne pouvant masquer leur crasse ineptie derrière un style faiblard et enfantin qu'au jury du Goncourt, vous répondront sans doute qu'il faut se poser pendant des heures devant l'actualité, lire du Sollers ou descendre humer les vapeurs vagabondes des ruelles libertines. C'est là qu'ils se trompent, car le génie n'est pas cérébral, il est corporel.

Ce support inconditionnel à toute écriture inspirée étant le corps, cette cage où l'esprit semble se débattre, insatisfait de ses moyens d'expression et de compréhension, voulant goûter à la liberté du monde, il est évident à tout homme sensé que les drogues sont seules Muses possibles. Alors prenez-vous une tasse de café, une Lucky Strike dans la commissure des lèvres avalant votre salive, une trentaine de bouteilles d'alcool faisant chatoyer leurs couleurs sur vos yeux penchés sur la préparation d'un joint, et sautez. La chute libre, en plus de vous procurer cette poussée d'endorphine nécessaire à toute turgescence d'inspiration, vous permettra d'expérimenter tout ce que la réalité interdit. Ralentissez le temps avec de la *beuh*, rendez-le aussi rapide qu'une course à moto sur l'autoroute avec du *speed*.

La génération dont je fais partie, je ne parle bien entendu pas de ces décérébrés de jeunes tels que vous les voyez dans les écoles, mais bien de ceux qui ont malheureusement compris qu'ils dépassaient leurs professeurs en matière de quotient intellectuel, ceux-là lisent Hunter S. Thompson. Les moins éveillés pour le côté interdit de la drogue en milieu adolescent, mais nous retrouvons en nous la vision désabusée de l'auteur de *Fear and Loathing in Las Vegas*. Quel espoir peut être le nôtre dans une société où la politique consiste en un spectacle de pantomimes dansant, ricanant, grinçant, aboyant et jacquetant sans même avoir conscience de leur propre idiotie et de leur manque total de maîtrise de la situation. Nos parents, pour les plus politisés d'entre eux, nous encouragent à travailler alors que nous avons en eux l'exemple parfait du courbeur d'échine broyé par des années de sapement volontaire de toute responsabilité. *This is the end.* Notre guerre du Vietnam, c'est celle que nos gouvernements, nos entreprises, et l'ensemble de notre société à l'échelle mondiale, mènent contre nous. Et ceux qui s'engagent ne reviennent que trop rarement sans traumatisme sévère.

La question de mon rapport au pouvoir a été un point important de mon existence. Peut-être est-ce celui qui est le plus crucial à tout être humain vivant en société. Certes, il m'est apparu assez tôt que, pour reprendre cette formule de Nietzsche, « je déteste autant de suivre que de conduire », mais mon application dans une certaine forme de radicalité fut, et est encore, bien ambiguë.

Dois-je être aussi intransigeant qu'un homme peut l'être devant toute forme de pouvoir, en dénoncer l'autorité injustifiée qui en émane quasi-nécessairement ? Cette voie m'entraînerait sur les pistes de Thoreau et de Diogène de Sinope, et, au bout de cette allée tracée je me retrouverais devant ce questionnement : comment vivre aujourd'hui en rejetant de manière absolue l'argent ? Y a-t-il encore une terre vierge de toute trace monétaire, un bastion insaisissable de la liberté face aux hordes d'investisseurs, rentiers, banquiers, brevets et entreprises ? Et pour combien de temps ?

Ou bien dois-je essayer de m'intégrer du mieux que je le puisse, en accord avec mes convictions libertaires, à ce système formidable broyant et corrompant tout ce qu'il touche de près ou de loin qu'est la société marchande moderne ?

Une partie de moi me souffle que ce serait abdiquer, que ce serait la solution de facilité. Je me remémore sans cesse cette phrase tirée d'un court-métrage de Pierrick Servais : « Dans un monde en noir et blanc, seules les étoiles sont en couleurs. » Chaque personne que je nomme amie a visionné au moins une fois cette vidéo qui résume si bien les craintes d'une partie de notre génération : noyer nos convictions dans la société, échouer dans la représentation de notre liberté comme l'a fait la génération précédente. L'ombre de l'exemple de nos parents plane toujours au-dessus de nos têtes comme sur celle de Damoclès, nous voulons résister à l'échec inexorable qui nous attend avant d'être englués à jamais.

Si malgré toutes les tentatives, si malgré toutes les exhortations le feu de notre esprit critique ne s'éteignait pas, nous serions alors estampillés, timbrés, calibrés, mesurés et mis en boîte pour être rangés sous le qualificatif de « paresseux » jusqu'à ce que la pression sociale fasse son œuvre de sautage de crâne.

Admettez que c'est là ne rien comprendre de nous ! Car ce sont précisément ceux qui tiennent tant à nous faire entrer dans le moule où, après tout, ils sont passés eux-mêmes « sans trop de dommages », qui sont paresseux ! Oui, je le répète, et avec moi un chœur de jeunes gens intelligents et vertueux, nous *voulons* créer un autre monde que celui dans lequel stagnent ceux qui n'ont fait qu'abdiquer un peu plus d'année en année. Est-ce là de la paresse ? Certains répondront qu'il ne s'agit là que de quelques idéalistes adolescents, auquel cas je me permets de vous poser une question : dites-moi, quand avez-vous laissé votre peau de jeune idéaliste au vestiaire de votre entreprise ? Autrement dit, à partir de quand votre intégrité intellectuelle s'est-elle trouvée altérée du fait que le souci de rembourser votre emprunt a primé sur celui de vivre ?

Voilà ce qui me perturbe depuis longtemps. Les deux embranchements sont difficiles à emprunter, car dans un cas comme dans l'autre je devrai y sacrifier ou ma nourriture physique ou ma nourriture intellectuelle.

Je sens la fatigue m'emporter. Je vais dormir à présent, maintenant en paix avec l'idée qu'en me réveillant je serai aussi grabataire que mes contemporains.

Livre premier

Bulles de soi

1

Je suis un insomniaque. L'insomniaque est un homme solitaire qui, après avoir rendu les grâces à son amante, se retrouve à fixer le plafond en angoissant, à se poser les pires questions qu'une tête humaine puisse imaginer.

Alors, de fil en aiguille, il apprend à se relever la nuit, à se fumer un *bédo* en écrivant dans le meilleur des cas, s'abâtardir en regardant un navet cinématographique quelconque dans le pire. Ajoutez à cela le fait qu'une quarantaine d'heures de veille entraîne de manière générale chez les êtres humains la création d'un état étrange : hallucinations auditives, vision périphérique restreinte (normal, vu les yeux injectés de sang…), mais surtout, difficultés cognitives menant chaque pensée, par simple enchaînement logique, vers l'idée de la mort.

C'est ce qui fait de l'homme insomniaque le prototype même du solitaire.

2

Redevenir un emmerdeur. J'ai compris où était ma faiblesse universitaire : si je ne tartine pas ma science, on considère que mes intuitions ne sont pas fondées. Pour réussir, il faut que j'arrête d'être modeste, et redevienne cet emmerdeur qui sait être un génie.

Le problème étant que cela va à l'encontre du principe philosophique sur lequel j'ai posé mon existence depuis ces quatre dernières années et qui m'ont valu d'être socialement intégré pour la première fois de ma vie : « l'ennui en ce monde est que les imbéciles sont sûrs d'eux, alors que les gens intelligents sont emplis de doute »[1].

Auparavant j'étais perçu comme un petit prétentieux, non seulement par mes camarades de classe, mais aussi par ma famille même. Combien de fois ai-je entendu sortir de la bouche de mon père cette phrase : « arrête de te croire supérieur aux autres » ? Le fait est que je le suis, sur un certain domaine bien limité, tout comme lui m'est supérieur en musique, charpenterie, mécanique, et tout un tas d'autres expériences.

3

L'équation. Un épisode assez marquant pour illustrer ceci est l'obsession qui m'envahi à la lecture du *Sciences & Vie* consacré aux sciences dans Tintin. Une page proposait dans cette optique des équations simples de cinématique

1. Phrase attribuée à Bertrand Russell, et ça ne m'étonnerait pas du bonhomme.

pour mieux appréhender les albums *Objectif Terre* et *On a marché sur la Lune*.

Soucieux de vérifier les calculs, je me heurte à une difficulté majeure : mes résultats ne concordent pas avec ceux énoncés par le magazine. Que faire alors, lorsque l'on n'est qu'un élève de sixième à peine aguerri à l'utilisation d'une calculatrice ? La déception d'abord laisse place à la tristesse : je me souviens avoir pleuré sur ces équations. Même une recherche sur Internet ne résout pas mon problème.

D'année en année, ce souci devint une bête noire : je le soumettais à mes nouvelles acquisitions scientifiques et mathématiques dans le but de le terrasser. Mais rien n'y fait, jusqu'à ma seconde année de lycée où, armé d'un savoir en mécanique suffisant, je décèle la coquille qui m'échappait jusqu'alors[2]. Soulagé, j'ai rangé ce magazine dans un coin de ma chambre où il dort encore.

4

J'ai le syndrome d'Algernon. C'est une expression que j'ai tirée d'un bouquin de Keyes *Des fleurs pour Algernon*. Elle représente la destruction, l'annihilation de mes facultés intellectuelles actuelles, ainsi que de mes convictions. Je sais que si j'entre dans le monde du travail, c'est ce qui m'arrivera. Une dégénérescence. Je ne veux pas arriver à quarante-cinq ans et me dire que je n'ai rien fait de ma

2. La dernière équation de la page 58 doit se lire ainsi :

$$v^2 - v_0^2 = 2\gamma_1(x - x_0)$$

vie. C'est exactement ce qui est arrivé à la génération de mes parents. Palahniuk l'écrit bien dans *Fight Club*. « Les enfants oubliés de l'histoire. » Ma vie, comme toute vie, n'a aucun sens, mais je veux au moins qu'elle soit plus plaisante et plus libre que sous l'égide d'un quelconque homme qui ne baise plus sa femme depuis quinze ans.

Alors je me saborde. Je sais que je ne peux gagner contre le Léviathan, je préfère m'en tenir à l'écart.

5

Il nous manque une aventure. Il nous manque des personnages. Je veux être un personnage. Je veux être un Thompson ou un Wolfe.

Dans les années 1950 – 1960, aux États-Unis, toute la période hippie a été une aventure. Elle a commencée avec l'aventure de Kerouac dans *On the Road*, menée par Neal Cassady. Elle a continué avec Ken Kesey et les Merry Pranksters, avec les *acid test*. Cassady y était, Kerouac y était. Wolfe y était, il en a été le reporter attitré pendant que Thompson était avec les Hell's Angels. Puis il y a eu Woodstock. Une aventure à lui seul. Il y avait aussi le génie Morrison. Ce n'était pas un drogué alcoolique comme les autres, il était vraiment un génie. Si l'on regarde bien, il a étudié la psychologie des foules *avant* de fonder les Doors *pour* manipuler les foules dans le but de créer une autre société, une autre spiritualité. Et, la fin de l'aventure nous est comptée par Thompson avec *Las Vegas parano*. Une multitude d'auteurs qui ont raconté une facette chacun d'un même événement.

Dans *Fight Club*, Palahniuk écrit qu'ils sont les enfants oubliés de l'histoire. C'est écrit en 1995, la génération juste après les *sixties*, celle de nos parents. Ils n'ont pas eu d'aventure. Nous, il nous en manque une. Je n'ai pas la trempe pour la créer. Je ne peux être que Thompson ou Wolfe, un reporter. Il faut trouver ce *leader* qui n'en serait pas un. Où le trouver ? Comment le trouver ? Qui aura les épaules assez fortes pour cela ?

Nous ne pourrons, de toute manière, qu'être les précurseurs. Pas les Kesey, mais les Kerouac, les Ginsberg, les Burroughs, les Cassady. Les nouveaux *beatniks*. Parce que la société n'est pas encore prête. Si elle a explosé dans les années 1960, c'est parce que dans la décennie précédente elle s'était alourdie. Tout s'est fermé, pour mieux exploser. Nous ne sommes pas encore assez fermés.

Ça arrive, bientôt, très bientôt. Regarde : tout converge vers cette fermeture, cette oppression. La censure d'Internet, les gens acceptent la vidéosurveillance omniprésente, on nous dit comment manger, quoi manger. Manger bouger. Tout est en train de se fermer. Ça va péter, mais quand ce sera à son paroxysme.

J'ai simplement peur d'être trop vieux quand ça arrivera. Kesey avait trente ans, mais les autres ? Hendrix est mort à vingt-sept ans, idem pour Morrison. Tous les autres étaient des jeunes de moins de vingt-cinq ans. Nous allons avoir vingt ans, il faut que ça pète avant que nous ne soyons trop vieux.

6

Le fait est que je suis distinct de ma mère, de mon père, de tous les autres êtres humains présents, passés et futurs, et ce, bien que je partage avec eux une importante partie de mon patrimoine génétique. On pourrait me rétorquer que je suis unique du fait de ce patrimoine, ce code source. Pourtant, l'existence d'êtres au code génétique strictement identique (jumeaux monozygotes) montre que ce n'est pas un critère suffisant pour définir mon unicité.

Alors quoi ? Mon corps en tant qu'objet physique impénétrable[3], ne pouvant occuper le même lieu qu'un autre en même temps[4] ? Mon corps en tant qu'organisme complexe, donc unique de par l'organisation de sa multiplicité ? Ou bien encore mon esprit qui, comme nous l'avons vu, n'est qu'une projection de données biologiques, donc projection du corps ?

Non. Ma distinction n'est pas corporelle. Elle tient son siège dans l'immatériel.

---

3. « Propriété en vertu de laquelle deux corps ne peuvent occuper en même temps le même lieu dans l'espace. » (Pascal, *Pensées*) Oui, j'ai cité Pascal, que m'arrive-t-il ?

4. Donc, par définition, en tant qu'objet physique défini comme opposé aux autres objets, donc au monde. Nous ne sommes pas loin de la conception du corps de Masachi Osawa, ne serait-ce que parce que là encore le corps n'est pas défini comme associé à une quelconque substance immatérielle…

7

Lettre à C., professeure de philosophie. Vous avez changé quelque peu depuis deux ans, vous vous êtes assouplie, vous avez courbé votre discipline. J'ai pu noter, par exemple, que vous dictiez un peu moins et que votre attention sur les prises de notes s'était dilatée. Qu'est-ce qui a changé ?

Je n'ai pas l'audace de penser que j'en suis la cause, peut-être est-ce une classe de littéraires que vous n'aviez jamais eue jusqu'à présent, de vrais littéraires chair à canon des Beaux-Arts, ces artistes qui ne se soucient ni du temps autre que présent ni d'expliquer au commun des mortels leurs pensées piégées dans un monde différent, un arrière-monde que Autrui ne peut voir que sous l'effet du filtre d'une histoire où chaque détail compte. Une flemme légendaire qui s'explique par la difficulté qu'ils ont à redescendre dans la caverne apporter la lumière à ces dépossédés de la curiosité et de la réflexion – bref de la conscience –, croupissant dans un cloaque répugnant de préjugés, d'opinion, de mythes, d'hypocrisie et d'un manque total de tout esprit critique, de ce besoin propédeutique cher à Freud qui fait passer nos contemporains pour des gorets couinant dans la fange[5]. Alors, confrontée à ces littéraires, vous auriez compris que la discipline n'a pas prise sur eux. Et vous vous seriez relâchée. C'est comme ça que je vois la chose.

---

5. Non, je ne suis plus de ces humanistes, personnages de *La Nausée*. C'est fini pour moi. J'ai perdu mes illusions de jeunesse, tiraillé entre Schopenhauer et Sartre, j'ai choisi Nietzsche.

Et parfois, j'ose penser, lorsque mon ego est à son paroxysme – et cela ne m'arrive qu'épisodiquement –, que je fus l'un de ces littéraires, derniers représentants de la lignée des philosophes des Lumières, à la fois savant et artiste comme Diderot, dans cette case qui n'est pas la sienne, une case éducative où science et art, où écriture et sciences humaines ne peuvent se mêler. Cette case m'a toujours déplu, et cela dévoile beaucoup sur mon attitude. Renfrogné parce que sachant que, quoi que l'on dise, si l'on cite le moindre auteur à la sonorité étrangère comme ce Showpenhour, ce Tshomsky ou ce Soro, on passera instantanément pour un autiste, et c'est l'externalisation, on devient irrémédiablement étranger à l'infra-société que constitue une classe de lycée français. Et terriblement en colère, une haine profonde contre cette éducation (dont je soustrais les professeurs qui n'en sont que les pions les plus proches) qui n'accepte aucun autodidacte qui s'ennuie parce qu'il a passé autant de temps à lire que les gosses de sa génération devant les jeux ou la télévision, qui de surcroît essaie de lui briser les ailes comme on brise les mains des tricheurs de casino pour avoir su réfléchir par eux-mêmes malgré tous les efforts de la société. Mes mots peuvent me faire paraître hautain, ce serait ne pas les entendre : je ne me crois pas supérieur, je me *sais* inférieur à mes congénères.

Alors qu'ajouter ? Votre comportement, vos règles du jeu où l'on devait se déplacer sur les cases d'un échiquier en noir et blanc, votre horreur des notes mal prises alors même que le principe de notes est justement de n'inscrire dans la durée que l'essentiel de ce que nous ne retiendrons pas, votre amour d'une classe bien ordonnée… Tout cela me faisait me tortiller dans ma case, à l'étroit d'un cocon d'acier où le débordement n'était pas permis. J'ai débordé. À chaque attaque de votre position dominante exacerbée, je répondais d'un coup de bec, et nous avons joué l'un et l'autre, l'un avec l'autre et non plus en opposition. Au début, j'ai vu dans vos yeux, dès le premier cours, cette flamme noire qui s'allume parfois plus fortement lorsque vous virez un élève déplacé, et progressivement j'ai appris à y discerner la petite lueur, le pétillement lumineux et malicieux qu'il y a dans le regard des joueurs d'échecs concentrés sur une partie longue et difficile. Et je me pose la question à présent, comme l'adulte contemple le dessin d'enfant et se demande à quel moment le trait est devenu un personnage : je me pose la question de savoir si j'avais placé cette lueur ou si elle était présente dès le départ.

Quoi qu'il en soit, vous fûtes une adversaire de jeu intellectuel qui m'enchanta, à tel point que ma petite amie de l'époque en était venue à être jalouse, à tel point qu'il m'est devenu difficile de trouver goût à jouer tellement je suis déçu de ne pas retrouver un jeu de la même valeur.

J'ai conscience que les mots que j'écris font penser à ceux que pouvaient tracer de Musset pour Sand, et je vous prie de m'en excuser car il n'y a pour moi qu'un sentiment d'avoir lutté avec une personne de valeur, le même que j'ai avec certains de mes amis. Quelqu'un qui vous fasse regretter de n'avoir pas lu *L'art d'avoir toujours raison* de ce penseur pessimiste plus tôt. Je tenais simplement à ce que vous le sachiez.

8

Boxe anglaise. Je n'ai pas de problème avec les gens. Les gens que je n'aime pas sont ceux que je préfère. C'est l'occasion d'une joute comportementale intense : verbes, vêtements, stature, tout y passe. Étrangement, il y a peu de personnes imbues de leur autorité qui accepte sans broncher que vous les fixiez du regard. Chez ce type de gens, au contraire, l'accentuation du regard dévoile leur volonté de vous faire plier. Du coup, le premier test est de jouer à leur jeu.

Vient alors le verbe, le mot placé pour vous casser le dos. Dans ce domaine, j'ai eu droit à un panel large, du gros gourdin comme « arrête de m'regarder comme ça, t'as l'air prétentieux ! » à l'estoc raffinée du style « certains d'entre vous pensent que le capitalisme équitable n'est pas l'unique solution aux problèmes financiers que le néolibéralisme moderne soulève. Pour éviter que leur état d'esprit n'entraîne les autres dans l'impasse, il faut bien comprendre que votre diplôme vous permet d'accéder au monde du travail, et qu'un cours de gestion d'entreprise doit vous préparer à comprendre le fonctionnement de cette structure en vue de monter une agence. Certes, il y a des alternatives, mais elles sont minimes. » J'aime me battre avec ce genre de personne. On y décèle un trait d'intelligence, suffisamment pour mériter mon attention.

9

Synesthésie. Les mots me viennent d'eux-mêmes. « De manière prosaïque » : je serais bien incapable d'en donner une définition claire et précise, mais l'image mentale colorée que je me fais de la phrase, de sa structure en adéquation avec l'idée, est juste. À la louche, j'ai bon dans 80 % des cas.

Mais 80 % des cas, au vu du niveau général, c'est suffisant pour que je passe pour un intellectuel.

10

Polyamour. Je n'ai rien contre le polyamour, puisque je considère les relations amoureuses comme des contrats implicites : tant que les parties sont d'accord, cela ne regarde qu'elles. Là où j'ai un problème, en revanche, c'est sur l'image de moi-même que ces relations me renvoient. Nous parlons de gens suffisamment en confiance, suffisamment adaptés[6] pour sortir avec plusieurs personnes, alors que dans le même temps je peine à n'en trouver ne serait-ce qu'une seule, fût-elle imparfaite ou passagère. Ce n'est pas tant de la jalousie qu'une remise à ma place.

En clair, cette approche des relations m'enfonce dans ma position de celui qui n'en a pas. Mais ce n'est qu'un souci de ma personne pour ma personne. C'est à moi de travailler dessus, et en aucun cas je ne peux en vouloir aux autres pour cela. Il reste néanmoins un fond de ressentiment, qui n'est au final qu'une blessure de plus à l'ego.

6. Que je rapproche d'une certaine manière de la notion de Surhomme, d'*Übermensch* nietzschéen.

11

Fragments.

I

Vivement que je sois vieux et incontinent pour passer ma vie à lire sans retenue.

II

Il faut travailler sur des concepts, des images mentales, pas des mots. Si je dis *pétillant*, *bourru*, *émacié*, *graveleux*, *buriné*, vous vous faites tout de suite une image mentale. C'est à cette image mentale que doit se référer le logo.

III

J'aime beaucoup les coquelicots, symboles de la renaissance et de l'espoir. Nous mourrons tous à nous-mêmes à chaque instant, parfois de manière plus intense.

IV

J'ai toujours été saisonnier. Les phases du Soleil rythment mon humeur : expansive en été, déprimée en hiver.

Écrits de coins de table

12

Aujourd'hui, je vais à l'abattoir.

Les aurores ne sont pas encore passées lorsque je m'aventure sur le sentier. Le dôme étoilé laisse vite place à la voûte de la forêt. Il y règne une obscurité seulement troublée par la silhouette des arbres se détachant du ciel. On pourrait presque penser qu'avec autant de bras la forêt cherche à m'avaler… Heureusement, je suis fidèlement le fil blanc du sentier, qui serpente de-ci, de-là.

Il ne fait pas froid, pas encore. Arrivé à l'arrêt de car, je compte les voitures qui me transpercent de leurs phares. Le jour se lève, avec la douceur presque paresseuse de ces matins d'hiver.

Le chauffeur, patibulaire, examine avec suspicion ma carte de transport gratuite. Sait-on jamais : en plus d'être pauvre, sans emploi, et forcé de faire le trajet jusque-là, il ne manquerait plus que je sois fraudeur…

Ma campagne vêtue d'un manteau de gel blanc se déroule sous mes yeux rougis par le manque de sommeil.

Mais hélas ! si je me suis réchauffé, c'est pour être accueilli à la descente par un froid mordant. Direction la gare.

Une jeune femme timide me tend mon billet, avant qu'une autre plus acariâtre ne fasse de même avec un expresso. Elle oublie le croissant ; las, je ne la corrige pas.

J'écris ces quelques lignes entre deux pauses à contempler le paysage désaturé qui défile par les vitres du train.

J'ai rendez-vous en début d'après-midi avec une jeune femme fraîchement rencontrée. Nous allons prendre un verre, discuter, faire connaissance, décider si nous ferons un bout de chemin ensemble ou si, au contraire, la solitude continuera d'occuper cette place vacante. Si je brille dans l'art de séduire par correspondance, il en est autrement dès lors qu'il faut user de mes charmes naturels. D'autant qu'aujourd'hui, ils s'en trouvent considérablement diminués : multiples boutons, vestiges de rasages passés ; un nez rougi par la fraîcheur hivernale ; un genou rendant l'âme ; une maladie de peau héritée de quelque paternel… Pour compléter le tableau déjà peu reluisant, si la fatigue me permet d'écrire de belles phrases, elle impaire néanmoins mon peu d'expression orale et obscurcit mes pensées.

La première impression est cruciale. Me voilà arrivé à Tours. Aujourd'hui, je vais à l'abattoir.

13

Elle ne voulait pas aller seule à cet anniversaire. Je peux la comprendre, dix-huit occasions d'approche d'une élite friquée mais superficielle peuvent légèrement refroidir n'importe quel homme – ou femme dans ce cas-ci – doté d'un minimum d'entendement et de raison. Nous prenons donc le train pour Angoulême.

La SNCF est l'un de ces immenses organismes que tout drogué connaît bien. Les plus prudents d'entre nous se méfient des voitures comme d'autant d'agents des Stups, que ce soit parce que nous n'avons guère l'envie d'avoir un permis (du fait des recherches de produits stupéfiants) ou par simple sécurité. Cela dit, Totor a toujours fait montre d'une conduite exemplaire, et ce, quelles que soient les quantités et qualités des substances ingérées.

Bref, le train est un merveilleux moyen de transport où il est possible de dormir avant et après une *chouille* un peu trop faste, se laissant bercer par les mouvements du dragon bleu. On ferme les yeux, et on se retrouve instantanément, à chaque soubresaut, dans le ventre du chat de *Totoro*. Mais au-delà du moyen de locomotion, il y a le contexte sociologique. Seuls les plus pauvres sont exclus des quais au motif qu'il ne faut pas encourager la mendicité. Ce qui fait des gares et des trains les lieux de passage rendant possible la rencontre avec n'importe quelle personne de n'importe quelle classe sociale.

14

S'il y a une chose de certaine en ce monde, ne serait-ce qu'une vérité universelle, c'est que l'université française se débrouille, par tous les moyens mis à sa disposition, pour mettre des bâtons dans les roues estudiantines.

L'organisation de la fac est épouvantable. Aucune indication n'est donnée quant au jour et à l'heure d'une quelconque rentrée universitaire passé le stade de la L1. C'est pas faute d'avoir cherché. Rien à l'inscription, *nada* sur le site web.

C'est donc lundi, vers deux heures du matin, au Mans, ne sachant trop quoi faire, que j'ouvre VDM. La première me fait sourire :

« Aujourd'hui, veille de rentrée. Je suis en panique, car tous mes amis ont accès à leur emploi du temps universitaire sur Internet, et moi non. Après réflexion, l'explication est simple : j'ai oublié de m'inscrire. »

Mais une petite loupiote s'allume dans mon cerveau lent. « C'est peut-être bien ma rentrée aussi », que je me dis. Je me connecte, vérifie mes mails. *Nada.* Pas un seul donnant une quelconque date de rentrée. Vérification sur le site : les petits nouveaux ne rentrent que dans une semaine. Ouf ! j'ai le temps. Me vient alors l'idée saugrenue de regarder mon emploi du temps…

… et de déchanter sec. J'ai cours dans sept heures, je suis à une centaine de bornes du lieu où je devrais être. Cool… Dans ce genre de situation, chacun a sa manière de gérer la nouvelle. J'allume donc une clope. Suivie d'une seconde. Vérification des horaires de trains. Génial, il ne me reste que quatre heures d'attente…

Envie de tuer quelqu'un. De préférence le gros cul imbécile qui tient lieu de secrétaire au bousin. Tu sais, le genre de grosse face de rat couverte de pustules, les seins lâches et dont l'embonpoint n'aide pas à faire les six mètres séparant son bureau du tableau d'affichage en moins d'une minute. Mais si, l'espèce (oui, car elle n'est malheureusement pas la seule dans son cas) dont est faite l'architecture du stéréotype du fonctionnaire. Cette espèce même qui a besoin qu'on lui explique les manipulations et la procédure administrative d'une simple impression de dossier pour qu'elle s'y adonne.

Si tu aimes les anecdotes, dis-toi qu'une fois je m'étais pointé pour récupérer un bulletin de notes (oui, celui qui est censé t'être envoyé par la poste) alors que c'était son jour de congé. Elle est alors arrivée en trombe, a ouvert son bureau, accroché un papelard, et, alors que j'ouvrais la bouche pour quémander mon bulletin, m'a renvoyé dans les cordes. « Je suis pas censée être là. »

Bref. J'ai enchaîné café sur café, clope sur clope, trop rageur pour fermer l'œil.

Assis sur le banc dans les dernières noirceurs précédant l'aube, attendant le tram, je me faisais l'impression d'être un condamné à mort. *Quid* de mes derniers projets estivaux ? Reprendre un *taf* alors qu'on vient d'empocher le chèque du précédent, ce n'est pas ce que j'appelle la vie.

J'arrive à la gare. un paumé me demande une piécette. « C'est pas pour me droguer, c'est pour acheter des cigarettes. »

Je souris intérieurement, pas pour le non-sens de la phrase, mais plutôt parce que son visage, et notamment ses yeux vitreux, puent le camé à plein nez. Qu'importe ! il aura droit à deux Lucky, comme ça il pourra même se faire un *bédo*.

John Lee Hooker et les clopes n'arrivent pas à calmer mes nerfs. Ce n'est pas que je n'aime pas mes cours, bien au contraire, c'est simplement que j'avais encore tant d'autres choses à faire avant de les reprendre !

Et puis, être en philosophie, c'est une façon de bosser particulière. Le problème, c'est que nous manipulons des concepts fondamentaux à tout processus intellectuel alors même qu'ils sont chargés à bloc de plusieurs millénaires d'histoire. Imagine un *zicos* d'une quelconque formation essayant de composer un opéra classique. Bah tu as l'exemple parfait : c'est pas simple de comprendre ce qu'un certain concept signifie dans tel courant de pensée et comment il a influé sur le suivant.

Lorsqu'il est sur sa feuille d'examen, l'étudiant en philo est sur un champ de bataille intellectuel.

Présentation des protagonistes.

D'un côté vous avez, mesdames et messieurs, le sujet, poids lourd catégorie agrégation, soutenu par les attentes du professeur correcteur[7].

De l'autre, le *challenger* poids plume, qui n'est qu'une merde, l'étudiant, avec pour armes des concepts. Il faudra arriver à en finir avec le sujet par des enchaînements logiques parsemés de références au cours et de tout bout de développement accrédité[8]. Si en plus le plumeton ne cherche pas l'agreg', il est souvent philosophe, c'est-à-dire qu'il s'est forgé un véritable système de pensée propre. Il

---

7. Il est très difficile de démontrer à un professeur de philosophie qu'il a tort, tout simplement parce qu'il est habilité à donner son cours. Il est donc certifié comme détenteur du savoir, et comme il désire fortement prouver à ses prédécesseurs qu'ils ont tort – comme tous les étudiants en philosophie essayent de le faire –, il va inlassablement s'appliquer à prouver qu'il a raison.

8. En cela que, comme un professeur ne peut détenir tous les savoirs, ni les bibliothèques tous les ouvrages, et qu'un enseignant sur deux ne sait pas utiliser Google, il ne faut pas que la référence soit en dehors du champ de connaissances du professeur.

tentera de glisser quelques idées de sa cuvée personnelle, afin d'affiner son système ou simplement balancer une référence qui pourrait intéresser le prof pour sa culture G. Ainsi, il saura qu'il perdra un ou deux points sur sa copie, mais c'est comme aux échecs : peu importe que ta dame se soit faite bouffer, du moment que tu as maté.

En somme, une fois que le philosophe a compris qu'il n'y a pas d'objectivité, même que c'est Nietzsche qui l'a dit na ![9], il s'amuse comme il peut de celle qu'on tente de lui imposer. Et merde pour le reste.

15

Fragments.

V

Elle faisait ses vêtements elle-même, en allant chercher chez Toto les tissus les plus appropriés à ses idées de la beauté, mais sans se rendre compte que les sacs roses qui jonchaient son appartement lors de ces périodes de créativité absolue reflétaient sa propre décadence.

VI

Ce qui la rendait belle, c'est qu'elle ne savait pas qu'elle l'était.

9. Voir aussi Kant avant lui, et Husserl qui finit de zigouiller la logique, il reste des tranches de Foucault, je laisse ?

VII

La vague s'éclate toujours sur la rive, et opère son reflux.

VIII

Que m'importent les lecteurs ? J'écris pour moi et uniquement, notamment par peur de la mort de mes facultés intellectuelles ; pour ne jamais oublier ma force et ma passion.

IX

Les jeunes fleurs qui se fanent, cédant aux vents automnaux, leurs pétales laissant entrevoir leurs beautés qui, bientôt, se recouvrira.

X

Elle tenta une menace :

« Vous seriez prêt à le faire à l'oral, alors. »

Le terme important est *alors*. Elle n'aurait pas terminé sur cet épiscule, je ne l'aurais pas prise pour une menace.

« Oui, sans aucun problème. »

XI

La beauté de la jeunesse, c'est qu'elle ignore où elle va. Celle de la vieillesse, c'est qu'elle oublie d'où elle vient.

XII

La croix cathodique a remplacé la croix catholique.

XIII

Les oreilles d'un barman sont comme une tombe fraîchement creusée ; sa langue n'est pas une pelle.

Voyageur égaré

16

Ah, la plage ! Distraction du prolétariat où se mêlent en toute indifférence deux activités fort opposées.

L'une, noble en apparence, consiste à passer un peu de son temps libre à lire l'ouvrage d'un auteur qui ne nous est connu que sous le titre ronflant de « grand gagnant du prix Goncourt » ; ledit ouvrage traitant toujours d'une histoire d'amour et d'argent, thèmes chers aux gens du peuple qui ne peuvent atteindre ni l'un ni l'autre. Lorsque ce n'est pas une couverture dépouillée que nous lisons, il s'agit le plus souvent du journal du jour, acheté aux autochtones, et que nous parcourons afin de ne pas oublier le travail que nous fuyons en vacances sur ce lieu ensoleillé. En désespoir de cause, celles et ceux qui ne savent pas lire écoutent de la musique dans un petit baladeur numérique.

La seconde activité est bien moins saine, si tant est qu'une mauvaise lecture ne puisse être la pire des occupations. Il s'agit d'une débauche de corps, vague masse rosée et mouvante comme une gelée sur un plateau d'argent. Les hommes arborent une fourrure digne du singe

– peut-être est-ce là que Darwin eut l'idée de l'évolution – et se plaisent à promener un ventre sur la plage. Mais les pires sont les femmes. Grosses, leurs graisses remuent au rythme des vagues ; vieilles, leurs glandes mammaires aux rides multiples leur servent de bouclier aux malotrus. Et, bien entendu, sous ce patchwork de parasols se cachent celles qui prétendent vouloir bronzer, exhibant fièrement leurs seins siliconés aux allures de pyramides.

Alors ne me demandez plus pourquoi je ne supporte la vue de la mer qu'au vent montant des falaises grises, là où aucun touriste ne vient attenter à la pudeur.

17

Les propriétaires. La Lune éclaire la route qui défile devant moi, faisant briller ces bandes nacrées salies par les pneus. Assis à l'arrière du véhicule, fonçant à plus de cent vingt kilomètres par heure, je regarde passer le paysage. Ma jambe droite, serrée par un siège conducteur trop reculé, me fait mal et je ne peux rien y faire.

Car ce sont eux les propriétaires.

Eux. À ma droite se trouve ce que l'on nomme vulgairement une « femme forte ». Forte, elle ne doit pas l'être, pourtant. Affalée sur deux sièges – heureusement que la banquette arrière est spacieuse –, elle dort la bouche ouverte, un filet de bave entre les dents, tout en ronflant bruyamment. Devant moi, le conducteur âgé, sévère, tue le temps en tapotant sur le volant. Enfin, à sa droite, sa fille aux formes généreuses qui seule me rend l'envie de vivre.

Comment me suis-je retrouvé dans cette galère, moi qui serais plus volontiers le maître du navire ? Simple question de covoiturage. En effet, la famille est écolo, et ils partent en vacances dans le même coin paumé que moi. Douze heures de route. Avec un arrêt toutes les quatre heures. Nous sommes partis à trois heures du matin, pour éviter les bouchons, ces demi-dieux de l'autoroute de vacances.

Au départ, je n'osais rien dire ni faire, de peur de paraître impoli. Puis, voyant que seul le conducteur n'avait pas les yeux clos, et alerté par les ronflements couvrant les bruits calmes du moteur qui provenait de la créature assise à mes côtés, je crus convenable de sortir un petit lecteur de musique. Mais, à peine les mousses somptueuses des écouteurs se lovèrent-elles dans les lobes de mes oreilles que le patriarche fit flamboyer le tableau de bord d'une superbe couleur bleue néon en allumant le lecteur de disque incorporé. Genesis ! Pink Floyd, à la limite, ou même Queen, j'aurais accepté sans rechigner. Alors j'allume mon propre lecteur. Megadeth semble une minute me sauver, lorsque, mélomane averti, m'attendant à écouter un de mes chorus favoris, Genesis revient à l'assaut. Megadeth tente bien de résister, s'incline bientôt, vaincu par les cinquante watts des enceintes de la voiture. Laissant les piles de mon lecteur se décharger dans cette carcasse inutile, je ferme les yeux de dépit. Bien sûr, je ne peux m'abandonner qu'au dépit, et non aux bras de Morphée.

À l'arrêt suivant, nous sommes près de la frontière, et je suis bien heureux de pouvoir me dégourdir les jambes sur l'aire de repos. Je vois le béton froid et sans vie de toilettes toutes proches, où bourdonnent les mouches et les vacanciers s'y soulageant. Ayant l'intention de m'y traîner, je fais quelques pas dans leur direction, mais j'entends presque aussitôt le père, derrière moi, adresser à sa fille, qui semblait elle aussi avoir un besoin pressant :

« Garde la voiture. »

Je me retourne. Je croise le regard de la jeune fille, un regard plein de souffrance, où la haine était la braise de l'espoir. Je me sens coupable d'un crime de lèse-Cendrillon, décide de rebrousser chemin et, croise les parents marchant comme seuls le font les hypocrites bourgeois.

Lorsque j'arrive à la voiture, le fille s'est assise sur la banquette arrière. Je m'approche doucement. Elle est petite, maigre, et ses cheveux courts sont blonds et bouclés. Ses vêtements amples ne moulent pas ses seins de jeune femme. Un pull à col roulé cache même son cou, que je devine aussi pâle que le reste de sa peau. Je lui tends une boîte aux multiples couleurs.

« Un bonbon ? »

Ses yeux sont humides lorsque, après un silence, elle les incline vers les miens. Ils sont verts, d'un vert de verdure, ce qui me fait penser au printemps. En fait, tout en elle me fait penser au printemps, que ce soit son pull aux motifs floraux, la fraîcheur de ses gestes, ou bien ses formes qui feraient se battre les hommes durant la période des ruts, moi le premier.

« Je n'ai pas le droit, merci, me répondit-elle.

— Quel âge as-tu ?

— Je viens d'avoir dix-sept ans. »

Nous parlons presque d'égal à égal, puisque je n'ai que cinq ans de plus. Mon regard se perd un moment dans les buissons qui bordent l'aire de repos, mais très vite revient sur cette charmante fille.

« Pourquoi portes-tu des vêtements aussi larges ? »

La question paraît la surprendre et il lui faut un certain temps pour répondre qu'elle aime bien ça. Sa voix, malheureusement, n'est pas en accord avec ses propos.

« Ta mère ne souhaite pas que tu puisses m'aguicher, n'est-ce pas ? »

Elle semble perdue, cherche des yeux une éventuelle diversion, n'en trouve pas, acquiesce gravement. Je sens ma gorge se nouer. Quelle peine elle me fait, coincée dans des vêtements qu'elle n'a pas choisi faisant un voyage qu'elle n'a pas choisis avec des parents qu'elle n'a pas choisis… Les parents reviennent justement, toujours avec leurs pas lourds. Ils s'assoient dans le véhicule. La fille se lève, espérant enfin pouvoir se satisfaire dans le bâtiment austère, mais le père lui demande :

« Où vas-tu comme ça ? On repart.

— Mais je dois aller aux toilettes !

— Tu pouvais pas y aller avant ? »

Je tourne la tête et m'écarte pour que personne ne remarque mon air outré. Ma vessie aussi est pleine mais je sais, je sens plutôt, que je ne peux pas me permettre d'y aller maintenant. Cette jeune fille en avait bien plus besoin, et je m'en serais voulu de lui créer des histoires.

18

Il fut un temps où je pouvais écrire des heures. Peut-être devrais-je me rééduquer. Je suis à Lisbonne. C'est une longue histoire. Je dois finir mon livre. Tout le monde pense que je l'ai abandonné, et une part de moi-même a choisi de les croire.

Cela fait trois jours que je suis installé dans un petit appartement miteux près du port. Quatrième étage, ce fichu escalier n'a pas deux marches semblables. Près du balcon, sur une petite table, mon ordinateur portable affiche fièrement une page blanche.

Enfin, une page blanche… Disons plutôt, pour être honnête, qu'elle fut soulevée par les marées des caractères de typographie, avant que, dans une rage désespérée, je n'y remette le calme.

Je pense à l'amour des écrivains pour leur machine. Hunter S. Thompson et sa Selectric. Kerouac y jouant une longue mélodie des jours durant, pour finir avec une longue bandelette ininterrompue. Burroughs qui lui parlait, gros insecte monstrueux qu'elle était. Maintenant que tout le monde écrit, l'instrument n'importe plus.

Parfois (souvent, devrais-je dire), ma mélodie à moi s'arrête, comme si ce n'avait été qu'un rayon de soleil perçant fugacement entre les nuages lourds. Je me roule une cigarette, et l'allume sur le balcon. Mon attention plonge sur la place animée en contrebas, où les touristes attablés forment des haies que seul le ballet expert des serveurs parvient à traverser. Ici, un groupe folklorique réussit à grappiller quelques sous, là les *dealers* font passer de la cannelle pour des barrettes. Regarder tout cela me détend.

Puis je me remets au travail. Mon livre, comme tu le sais peut-être, porte sur notre génération sacrifiée, en quoi elle est un terreau fertile pour les *psychonautes*. J'aime bien ce mot. Il signifie « navigateurs de l'âme ». Je suis certain qu'il doit y avoir un excellent article dans l'encyclopédie. En bref, c'est un terme en vogue pour désigner les « usagers de substances psychoactives » selon nos forces de l'ordre.

Quand je n'écris pas, je me documente sur le sujet. En ce moment, ma préférence va au livre *Les trafiquants de la drogue* de Harry J. Anslinger. Directeur du Bureau fédéral des narcotiques des États-Unis pendant plus de trente ans, c'est à lui que l'on doit notamment la prohibition internationale du cannabis. Ce type serait mon héros, si je n'étais de ce côté de la barrière qu'il dressa à la force de ses petits bras de lobby administratif. Fervent partisan de la prohibition, il ne semblait pas comprendre que c'est précisément son combat contre les gangs qui les rendait si puissants…

À force de désinformation, il parvint à la fin des années 1930 à faire interdire la marijuana sur le sol des États-Unis. Mais ça ne lui suffisait pas. Non ! Il fallait que le monde entier détruise cette herbe diabolique. En 1961, il fit pression sur les Nations unies pour que soit ajouté le cannabis à la liste de la *Convention unique sur les stupéfiants*. Voilà la marijuana hors-la-loi dans tous les États membres de l'ONU. C'est une des raisons pour lesquelles la France, encore de nos jours, ne peut que difficilement légaliser le cannabis.

Mais peut-être te demandes-tu ce que je fais à Lisbonne. Hum. C'est une histoire de femmes. Tout comme celle chez qui je loge présentement, la plupart ne semblent voir en moi qu'un être taillé pour le plaisir. Plaisir charnel, bien sûr, mais aussi plaisir de se confier entièrement à une personne attentive. Lassé de cet état de fait, j'ai emprunté quelques billets à ma dernière maîtresse, et j'ai rejoint

se font chier sur les bancs (quand il y en a !) et ceux dont l'attente part en fumée.

Et justement, c'est bien la périphérie extérieure de la gare qui est la plus riche en étranges relations humaines. Comme si la frontière entre la ville et le monde attirait toutes les franges de la société.

Prenez cet homme. Propre sur lui, il ne pue pas, même si l'on perçoit à sa barbe vierge d'une semaine que ces derniers temps ne l'ont pas gâté de repos. Il s'avance. Ses yeux viennent trouver les miens aussi sûrement qu'un mégot vient trouver une commissure entrouverte. Il en veut à mon tabac, qu'il aimerait acquérir pour quelques pièces. Une telle proposition ne se refuse pas. L'Amicale des fumeurs solidaires a certes reçu des coups par le passé, du fait de l'augmentation tarifaire du tabac en kiosque notamment, mais enfin ! elle tient toujours debout. Mais sa clause quarante-deux traitant du savoir-vivre du dépendant en manque précise bien qu'il est capital de discuter avec son pourvoyeur le temps de la transaction. Cet homme-là est au fait de ces coutumes, et m'informe de sa pauvreté matérielle parfaitement temporaire. Le voilà parti.

Mais celui-ci qui s'en vient ? Rasé de près, manteau noir d'un style on ne peut plus classique, ses chaussures de cuir à la semelle propre, tout trahit l'homme de bureau. Il me demande une cigarette, et c'est en lui tendant le paquet que je remarque ses mains. La droite est creusée de quelques croûtes de sang séché, et les deux sont en proie à des spasmes erratiques à demi contrôlés. Alcoolique.

Éclats de psychonautes

23

L'esprit. De même que pour comprendre, en termes de quale, le rouge de la rose il faut voir la rose, pour distinguer clairement les sens, comprendre comment chaque sens entre en composition dans la partie sensible de l'esprit, il faut les distinguer par perte. L'ermite au fond de la caverne comprendra bien mieux ce qu'est sensiblement la lumière une fois qu'il l'aura retrouvée. Ainsi, l'expérience propre aux psychotropes ne peut être comprise que par celui qui l'effectue.

Mais aussi : l'expérience du psychotrope permet de distinguer chaque sens de la partie intelligible de l'esprit.

24

J'ai rencontré Dionysos peu de temps après mon entrée en université. Je venais de sortir d'une relation de deux ans avec une grande brune au strabisme divergent marqué. Une amourette de lycée, en somme, qui me permit d'user de tabac et de vodka à un rythme jusqu'alors inégalé.

Lorsque l'on change de milieu, du lycée à la fac par exemple, la majorité a tendance à nouer de nouvelles relations. Former des groupes d'affinité, pour mieux endurer l'inconnu. Ce n'était pas mon cas. J'ai toujours été ce que les Anglais appellent un *wallflower*, un de ces types taciturnes n'en lâchant pas une mais n'en pensant pas moins. Aussi loin que je me souvienne, la promiscuité avec mes contemporains n'a provoqué en moi qu'un ennui profond. Enfant, le jeu de balle m'était bien plus étranger que le jeu de mots, les livres avaient ma sympathie aux dépens des êtres.

Pour écrire pleinement, il me manquait un bouillon de culture. Il me manquait un Dean Moriarty. C'est le rôle que tiendra Dionysos dans le récit. Faut s'imaginer le bonhomme. Grand et svelte, la barbe drue, une chevelure de jais cascadant jusqu'aux reins. Un Jésus revenu d'entre les cieux, à la dégaine nonchalante sans pareille, au pas léger mais certain de celui qui n'a d'autre poids à porter que celui de sa propre personne, la tête emplie non de soucis mais d'assurance. Qu'ai-je fait pour ne le remarquer que le jour où il se posa à mes côtés, dans un amphi bondé, bunker souterrain s'il en est ? Il suit le cours durant cinq longues minutes. Écarquille les yeux un coup. Se tourne vers moi :

« Viens, on se barre de ce bouge. »

Il ne m'a pas fallu plus de deux secondes pour lever mes fesses et le suivre. Avec le recul, cette non-décision impulsive fut sans doute le tournant de mon existence. Il me mena au jardin de l'évêché.

Dionysos choisit un banc, s'assied en tailleur. Devant nous la Loire coule en un flot gris tumultueux, la ville s'étend, amphithéâtre d'ardoises ayant l'horizon boisé pour scène. Il se passe un temps sans que nous échangions la moindre parole.

« Tu sais, je t'ai remarqué, lance enfin Dionysos en sortant de ses poches de quoi rouler une cigarette.

— Ah. »

Il sort un ticket de bus, en déchire une bandelette d'un ou deux centimètres de large.

« Oui, ils ne sont pas nombreux au *bahut* ceux qui lisent *La Nausée* dans les couloirs en se moquant pas mal de dire bonjour. »

Je souris. Ses doigts glissent sur la bandelette, la roulant en un tube déposé avec précaution sur son genou.

« J'imagine, ouais. En même temps, pourquoi dire bonjour quand tu ne souhaites pas une bonne journée à celui qui se fiche pas mal de savoir si ça va ? »

C'est à son tour de sourire. Il prend une feuille de papier-cigarette dans chaque main et les dispose perpendiculairement. Sa langue vient lécher la moitié de la verticale, et les voilà jointes. Je le regarde faire du coin de l'œil, intrigué mais toujours curieux d'apprendre quelque chose.

« C'est pas faux, me répond Dionysos, mais il faut les comprendre : comment veux-tu qu'ils se soucient de toi si tu les envoies chier ?

— Je ne leur demande pas de se soucier de moi. J'ai toujours été seul, j'ai toujours préféré lire que jouer à ces interactions sociales factices. »

Du tabac est étalé sur le collage de papier, le tube de carton est posé en guise de filtre.

« C'est que tu n'as pas compris. Les gens sont des livres, tu as juste à tirer quelques ficelles pour lire la page qui t'apprendra quelque chose. »

Dionysos tire de sa poche un petit sachet refermable, de genre de ceux que l'on utilise pour ne pas perdre les vis des meubles en kit. Il en sort une petite boule noire dont l'odeur entêtante me monte immédiatement au nez.

« Haschisch ? je lui demande.

— Ouais. Tu fumes ? C'est du tibétain, tu trouveras pas mieux dans toute la ville. »

Je lui confessais que je n'avais jamais fumé autre chose que des clopes, la pipe et le cigare. Alors, tout en effritant la boulette à la flamme d'un briquet, il me fit la leçon.

25

En quelques semaines, j'avais mes gestes.

Le bout du *pet* est ainsi un drapeau de papier. De la main droite, je tiens le *tonc* par trois doigts, le regarde, le tâte pour vérifier la bonne homogénéité de l'ensemble. Des craquements se font entendre, bien distinctement, ceux du papier pressé sous mes doigts. Le briquet arrive, par le bas, apporté par la main gauche. J'allume le drapeau. Il se consume, lentement, de bas en haut, pour revenir sur le joint en formant un arc de flammes qui vient s'éteindre sur les parois de papier. Un bon fêtard sait vaporiser le drapeau en un allumage, bien que certains puristes soufflent dessus puis dégagent chaque millimètre de papier dépassant encore d'un geste rapide et sûr.

Le joint en bouche est alors prêt à être fumé. Certains l'allument comme une cigarette, mais je préfère le faire comme un cigare, en procurant une flamme uniforme dans un geste circulaire. Je souffle un petit coup, vieux réflexe du fumeur de pipe pour attiser la flamme et adoucir la fumée. J'inspire. Mes poumons se remplissent alors d'un air suave et fort. Lorsque ma poitrine se relâche en expulsant de mes narines deux jets enflammés, mon visage fond en béatitude. Je suis bien, assis là. Le monde est beau. Je retire une taffe, deux taffes. Le papier brunit en taches aléatoires quand s'y dépose l'huile du haschisch porté à chaud. Je tiens là un petit Jimi Hendrix au bandeau incandescent.

C'est là qu'arrive le flash. Ce bref moment, le temps d'une seconde, où mon corps s'ébroue en un élan incontrôlable. Ma tête se tourne instantanément, mon cerveau se charge. Me voilà maintenant dans un autre monde de la perception, je plane. La volonté de maîtriser le monde en actant des choix s'éteint, pour laisser libre la volonté du monde. Je ne cherche plus à comprendre, à raisonner contre le monde, mais avec lui. Cette force dionysiaque qui secoue le monde de ses passions s'empare de nouveau de moi dans sa parfaite adéquation à l'univers.

Mes sens sont plus développés, comme si je baignais dans un confortable magma de perceptions qui m'étaient privées auparavant. En tenant le joint devant moi, je vois chaque détail, de la beauté de chacune de ses cendres déposées en paysage crevassé aux plis de lumière du papier. La musique n'est plus une suite d'accords, elle est atmosphère ressentie. Il suffit de fermer les yeux pour que se fondent des lumières, des formes, et enfin des mouvances de couleurs parfaitement calées sur la musique.

Une fois, j'ai pu observer les vibrations électriques de la musique s'infiltrer dans mon cerveau, que je voyais du dessus. J'étais fasciné devant ce cinéma qu'offrait mon imagination à ma conscience. Ce n'est qu'après plusieurs *pet* que j'entrais véritablement dans cet état de contemplation.

26

Il y a deux types de drogués au cannabis. Ceux qui fument et ceux qui ne fument pas. Les premiers considèrent que c'est un luxe de maîtriser son corps et voient les seconds de deux manières. L'Aristocrate qui fume de la *beuh* avec du papier fin au chanvre, ayant mis des années à choisir son tabac pour fumer son *chichon* comme on boirait un Saint-Émilion millésimé. Et l'aristo', notez l'élision, celui qui ne fume qu'en soirée avec des potes, qui est allé en Russie faire la fête pendant l'été, bref, le jeune con qui fait Droit et qui arrêtera cinq ans plus tard, interdisant à ses enfants de se droguer.

27

L'herbe à chat. Le *bad trip* de cannabis est rare. On pourrait plutôt dire qu'il est une perte de contrôle sur la multiplication de nos émotions négatives.

Une fête aux Beaux-Arts. J'avais l'habitude d'y traîner, comme un Duke, fin saoul, vagabondant dans les salles remplies de formes et de couleurs psychédéliques et surréalistes que n'éclairait qu'un rai de lumière bleu et orange. Les étudiants sont déguisés, si bien que je pouvais pisser en compagnie d'un dandy anglais avant de trouver un savant fou au détour d'un couloir. Sur la terrasse se côtoient étudiants, étrangers et professeurs, et les *pets* tournent autant que les verres d'alcool. Un groupe est en train de rouler près de la porte, tandis qu'un Chinois les regarde.

Un type me tend un sacheton d'herbe, me demandant de goûter sa camelote.

« On l'appelle “la pute” parce qu'elle te baise une demi-heure après. »

Pas méfiant pour deux sous, j'y mets la dose. Aucun goût au fumage, l'effet de l'herbe s'insinuant en moi, comme à l'accoutumée installée dans sa langueur. Le *pet* tourne, je prends commande. Un professeur se retourne.

« Il y a du trafic ici ! lance-t-il amusé.

— Mais vous n'imaginez pas, rétorque le Chinois, fumer de la drogue, c'est un crime ! »

Le prenant au sérieux, je lui tends le joint. Il le regarde, regarde le groupe, attendant leur assentiment, et tire une faible *latte*. C'était sa première taffe. Je repense à Duchaussois, lorsqu'il disait « qu'en Orient, les drogues sont acceptées » : que les temps ont bien changé ! Je retourne au bar, et c'est là que j'ai compris pourquoi on l'appelle « la pute ».

28

Oui, je voulais changer la face du monde. Je voulais montrer à tous ces macaques puants qu'étaient mes « camarades » tout au long de ma scolarité qu'ils ne valaient pas mieux que des bêtes.

La marijuana a changé ça. Maintenant, vous pouvez être des macaques puants, je n'en ai cure, du moment que vous me laissez en paix, serein Rafiki sur la montagne.

29

Fragments.

XIV

Et si c'était la *beuh* qui avait entraîné chez moi cet état de schizophrénie où je ne peux ressentir d'émotions que sous une substance quelconque ?

XV

Je suis défoncé. J'ai des pensées. J'ai peur de les perdre et je ne peux les écrire parce que ce serait trop long à expliquer avec l'océan tempétueux de mon esprit. Tout va trop vite, je n'ai même plus le temps de me pencher sur un raisonnement qu'un autre a pris sa place.

30

Bazar et cathédrale

31

Hier, Simone Veil a rejoint l'Académie française. Eh oui, elle a 81 ans, il est normal de la voir partir. Comment ça, elle n'est pas partie ? Mais l'Académie française c'est l'antichambre du cimetière ! Flaubert ne disait-il pas à son propos : « la dénigrer, mais tâcher d'en faire partie si on peut » ?

L'Académie française. Réunion d'intellectuels séniles, grimés en soldats d'opérette, comme si la défense de la langue française était une guerre meurtrière.

« Attention ! La Toile est le suppôt de Satan, c'est un vecteur d'abominables anglicismes et d'abréviations usitées ! Tous aux armes, citoyens ! Envoyez les bombes à dictionnaires ! Les canons de grammaire ! Les gaz néologistes ! »

Au reste, ces gâteux ne s'inquiètent que de la locution de la masse bêlante francophone, oubliant d'analyser leur position sur la tour d'ivoire maculée de défécations dues à l'âge et au fait que le port de la couche soit tombé en désuétude dans les hautes sphères.

Adieu, Mme Veil. Je penserai à vous lorsqu'une ministre prononcera avec panache dans une entrevue que vous êtes partie en colonie de vacances dans votre jeunesse…

32

Confier à Internet nos capacités, ce n'est pas perdre en indépendance. Ce serait dire : n'utilisons pas les livres imprimés, cela empêche la mémorisation. L'imprimerie a été inventée, nous l'utilisons toujours. La calculatrice a été inventée, nous l'utilisons toujours. Pourquoi n'utiliserions-nous pas Internet dans notre éducation ? Ce serait même un moyen de parler, d'apprendre à écrire[10] et à s'exprimer, bref, une façon de devenir indépendant.

33

L'enseignement universitaire est totalement dépassé. Il s'agit pour du personnel non qualifié de transmettre à des étudiants passifs devant le savoir. Répétez d'année en année. Qu'est-ce qui vous empêche de filmer vos cours ? Qu'est-ce qui vous empêche d'écrire vos cours, de les distribuer de telle sorte que vos étudiants les lisent et engagent un débat la semaine suivante ? De poster cela sur la plate-forme numérique universitaire, avec des sources

10. J'entends par là « apprendre à écrire de façon avancée ». Je ne conseille certainement pas de commencer à écrire avec un clavier, les automatismes acquis lors de l'écriture manuelle sont essentiels au bon développement de la pensée.

et des liens pour aller plus loin[11] ? Bien sûr, cela suppose un sincère apport de l'université, en plus d'une volonté de changer les choses.

Il y aurait alors une véritable démarche active de l'étudiant face au savoir. De plus, le support de révision serait *commun*, au lieu d'être composé de notes prises par chacun où tout le monde fait sa petite cuisine dans son coin avant le partiel. Ça rendrait également le caractère facultatif de la présence en cours magistraux beaucoup plus juste, puisqu'il est à l'heure actuelle bien difficile de récupérer des cours en cas d'absence – même justifiée.

La réponse semble être que l'université française n'a pas pour vocation d'évoluer, elle est garante de la pérennité de la stratification sociale déjà en place.

34

Internet comme changement de paradigme. Lorsque je vais à la bibliothèque et que j'emprunte un livre, personne d'autre ne peut plus l'emprunter. Je lis aux dépens d'un autre.

Lorsque j'allume ma télévision pour regarder une émission, je ne suis pas obligé de l'enregistrer sur magnétoscope pour pouvoir la regarder. Je ne peux pas non plus, sans magnétoscope, la donner à mon amie. Je ne peux pas,

11. Surtout à l'ère numérique où les ressources abondent alors que dans le même temps les professeurs demandent de lire un livre bien particulier, disponible en un seul exemplaire à la bibliothèque universitaire. Aux étudiants les plus fortunés de se le procurer dans le temps imparti…

sauf actuellement mais pour des raisons autres, faire un arrêt sur image, parce que cela suppose que le diffuseur fasse un arrêt sur image, et qu'ainsi tous les bénéficiaires de la télévision se retrouvent privés d'image.

Mais sur Internet, à chaque fois que je vais sur un site web, la page est copiée sur mon disque dur, dans la mémoire vive. Je peux très bien modifier la page en direct avec du code informatique, supprimer une image, cela ne changera pas le site en lui-même mais seulement la copie que j'en ai. L'acte de lecture est indissociable de l'acte de copie. On voit donc que nous sommes face à un changement total de paradigme.

Il ne peut en être autrement : Internet est basé sur l'informatique, et le fonctionnement même de l'informatique est la copie. Lorsque vous regardez un DVD sur votre ordinateur, le lecteur multimédia ira copier l'information contenue sur votre DVD pour l'amener en mémoire où elle sera traitée (création de l'image sur le moniteur, en passant par le système vidéo par exemple). Ainsi, on peut dire qu'un ordinateur a un fonctionnement ressemblant à celui d'une cellule humaine, dans le cas de l'ADN et de sa transmission.

35

Ce qu'il faut comprendre avec Internet, c'est que chaque terminal[12] est récepteur *et* émetteur d'information. Je ne parle pas ici des notions de client et de serveur. C'est

12. Pour celles et ceux qui voient en l'informatique un terme désignant la magie : un terminal est simplement un ordinateur.

très important à comprendre. Pour que l'on puisse qualifier un réseau d'Internet, il est impératif que les terminaux travaillent. C'est une chose que l'on a peu l'habitude de faire. On reçoit la radio, on reçoit la télévision, on reçoit le téléphone. Imaginez maintenant que pour recevoir vos factures, il faille téléphoner au bureau de poste. Vous émettez une information, et on vous renvoie une information. Pour recevoir, il faut demander.

Internet est donc intrinsèquement diffuseur d'information. Vous allez sur Youtube, vous écoutez un morceau de musique, vous le transmettez à vos amis sur Facebook, par mail, sur IRC, qui eux-mêmes vont transmettre…

C'est pourquoi le web… tout ce qui se retrouve sur le web est public. C'est une règle simple à comprendre : à partir du moment où vous avez offert un accès public à une donnée, elle sera transmise à celui qui le souhaitera. Qui dit transmise dit copiée à l'identique. Il ne peut alors s'agir de vol ou de contrefaçon, et encore moins de piratage : il s'agit d'un exemplaire unique délivré par l'éditeur lui-même.

C'est pourquoi ici la notion même de *copyright* est désuète.

36

D'après certains calculs, une taxe de cinq euros par mois serait suffisante pour couvrir le prétendu manque à gagner des éditeurs causé par le téléchargement dit illégal. De plus, ça permettrait aux *majors* de véritablement s'impliquer dans Internet : pour gagner plus, il faudrait alors que de plus en plus de gens se connectent à Internet en France.

Mais ce serait un volte-face difficile. Ce serait arrêter de poursuivre les gens et devoir abandonner la notion de *copyright*. En effet, puisque tout est téléchargement sur le net, comment différencier celui qui partage en P2P de celui qui met en écoute sur son site, ou intègre à une vidéo Youtube ? La réponse est simple : se tourner vers des licences libres. Pas gagné pour ceux dont le principe même de création est d'avoir l'exclusivité.

Ce n'est pas parce que l'on télécharge que l'on aurait payé le film. Surtout que les plus gros téléchargeurs sont aussi ceux qui achètent le plus. Le téléchargement permet de tester le produit. Vous vous demandez s'il est intéressant d'acheter tel CD ? Téléchargez-le. En plus, ça vous ferra une copie numérique de qualité si vous n'avez pas de lecteur de CD sur votre ordinateur (ce qui peut arriver…) ou si tout simplement les *majors* en empêchent la copie (ce qui est illégal, rappelons-le). Vous souhaitez offrir une copie du CD à votre nièce ? Faite-le. De toute manière, lorsque vous avez acheté vos CD vierges, vous avez payé les ayants-droits, alors pourquoi se priver s'ils ne sont pas lésés ? En achetant votre disque-dur d'un téraoctet, vous avez payé 23 € de taxe aux ayants-droits, soit pratiquement le même montant que la taxe prévue par Martine Aubry.

En 2007, on chiffrait la taxe sur la copie privée à 163 millions d'euros. Sachant qu'en la supprimant, les entreprises pourront souffler : pensez à Archos, dont 5 % de son chiffre d'affaires part dans cette taxe. Un prix en baisse, un regain d'un certain pouvoir d'achat… Je vous laisse faire le calcul.

37

Le datajournalisme est un mode intéressant de journalisme. C'est en quelque sorte l'archéologie journalistique, au sens foucaldien. Néanmoins, l'objectivité ne peut exister, même en faisant des relations entre les données éparses. Le choix de ces données, leur mise en relation, fait toujours partie d'un processus qui s'approche plus de la création que de la simple énonciation des faits. C'est pourquoi, partant de ce postulat qu'il ne peut y avoir qu'un journalisme subjectif, il est intéressant de suivre un mode d'écriture que je qualifie de Tech Beat ou de Gonzo 2.0.

38

Joue-le comme Desproges. La paléographie nous explique qu'il y a environ 3000 ans avant la naissance d'un sadomasochiste en caleçon, l'homme inventa l'écriture afin de pallier certains syndromes spontanés d'Alzheimer lors de tractations agricoles. Cela faisait déjà quelques siècles que l'oralité était à la mode pour la transmission du savoir. Pourtant, cette idée sortie tout droit de l'esprit d'un avare de naissance fut accueillie avec moult joie et adoptée dans la foulée. C'est pourquoi les scribes d'une Égypte théocratique pensèrent à peu près ceci :

« Eh les mecs, au lieu de faire des dessins sans perspective sur des murs comme nos ancêtres le faisaient dans les cavernes, pourquoi ne pas dire qu'il s'agit d'une forme d'écriture ? Comme ça, cela fera les pieds aux égyptologues français ! »

Ainsi les scribes se mirent-ils à l'écriture en tant que snobs, se réclamant de Thot pour faire passer la pilule. Ils pensèrent à utiliser des feuilles de papyrus, qui étaient très onéreuses à l'époque au vu de la mortalité infantile en Sibérie. Et c'est ainsi que le savoir se transmit de génération en génération par écrit, réservé à une élite sachant lire. Il y avait bien quelques contestataires comme ces rouges de trouvères qui braillaient sur des chansons de geste, mais on finit bien par les convertir à l'écriture. Prenant la suite directe des scribes, toujours dans une théocratie populaire, les moines copistes se permirent d'effacer en palimpsestes de si beaux écrits antiques et non en toc afin de poudrer ces feuilles à demi vierge – comme ma sœur qui fait bordel à Kuala Lumpur – à la gloire d'un dieu barbu.

Plus tard, après la prétendue invention de l'imprimerie par un orfèvre allemand, on vit fleurir nombre de traités. Mais Diderot, le philosophe en robe de chambre, décida de gaspiller du papier pour qu'il soit brûlé par l'Église. Ce fut l'*Encyclopédie.* Depuis, nous n'avons guère progressé, l'homme a beaucoup gaspillé de papier pour ne rien dire, comme par exemple l'autobiographie de Julio Iglesias, qui se trouve aussi intéressante que sa position sur la politique extérieure et monétaire de la Malaisie. Heureusement, peu après l'invention d'un réseau électronique nommé Internet, Tim Berners-Lee créa le web qui démocratisa l'accès au savoir sans gaspiller de papier et permit l'écriture approximative d'adolescents acculturés sur des journaux électroniques aux couleurs criardes.

39

Fragments.

XVI

Quand les *majors* comprendront-ils que le partage est la meilleure publicité qui soit ?

XVII

La taxe sur la copie privée est une taxe sur la copie illégale. Autrement dit, c'est comme si les douaniers taxaient les gens passant la frontière pour punir les passeurs.

Antiques pensées profondes

40

Au début étaient le un et le zéro. Qui commença ? Du un ou du zéro nous ne pouvons le savoir. Si l'un est, il est unique, mais a dû composer avec le zéro pour être. Inversement, si le zéro est unique, il est un, si bien que l'un ne peut aller qu'avec le zéro, l'un est mêlé au zéro. Il est possible que l'on puisse subdiviser le un en une infinité de combinaisons de un et de zéro, mais cela aussi est au-delà de la pensée humaine. Notre raison peut éclairer, elle ne peut nous faire connaître ce que nous voyons par elle, nous ne pouvons en saisir le sens.

Si l'un est, et que nous sommes de l'un, la seule manière d'expliquer qu'en apparence nous, le monde, la Nature, sommes des entités indépendantes les unes des autres est de postuler que nous sommes des parties d'une même entité ; le rein n'a pas besoin de connaître ou d'interagir avec les poumons pour être et fonctionner au sein d'un corps humain. En termes parménidiens, si l'on doit considérer l'être dans son ensemble, la seule possibilité qu'il y ait multiplicité de l'être est d'y accoler un équivalent que l'on nommera vide, intelligence (*noûs*[13] en grec), ou bien atome idéé selon les auteurs. De là à Spinoza, il n'y a alors qu'un pas, d'autant plus quand on prend la Genèse où un Dieu unique, dans le vide, crée le monde. Si Dieu est, il ne peut être en dehors de l'être, or l'être au sens large peut être appelé le cosmos, la Nature, l'Un. Certes, ce Dieu n'est pas idéal, au sens où il n'est pas omnipotent : il crée à partir de zéro. C'est déjà bien, il faut l'avouer, c'est pas donné à n'importe qui. Mais s'il crée à partir de zéro, il faut bien que ce soit autre chose que zéro pour être, il faut donc qu'il y ait également de l'être dans sa composition.

D'où vient cette multiplicité ? Nous pouvons nous aider d'un raisonnement qui a fait ses preuves : les mathématiques. Nous sommes ici devant une base binaire : zéro et un, comment expliquer qu'il puisse y avoir huit ?

De là on en déduit logiquement que nous ne pouvons être certain de n'être pas à l'intérieur d'une simulation informatique, que si Dieu existe il ne peut être que ce Un dénominateur commun de sa création, autrement dit la Nature, tissé à l'intérieur de nous jusqu'au plus profond des atomes.

Mais aussi qu'il est tout aussi possible qu'au début il y eut trois entités ontologiques, ou quatre, ou une infinité. Les mathématiques ne sont pas cantonnées au binaire, si bien que nous n'avons rien prouvé, ce travail ne peut être une connaissance, et qu'il est donc inutile de chercher à

---

13. νοῦς.

savoir, à moins que l'on considère cela comme un art. Si l'on veut faire de la philosophie une science humaine, alors il faut arrêter de faire de la métaphysique.

41

Le problème que je reproche aux idéalistes, c'est qu'il ne peuvent jamais prouver ce qu'ils avancent. Donner comme possibilité d'établir des âmes sans corps, c'est non une ouverture d'esprit mais une simple croyance. Lorsque les matérialistes expliquent que tout est composé d'atomes, la science leur rend raison, jusqu'à la plus récente physique : la théorie des cordes.

De même que toute mathématique se base sur l'axiome fondamental que $1 = 1$ et arrive aujourd'hui à des formes complexes, l'âme est fondée sur le concept qu'un neurone est relié à un autre.

42

La voix de la conscience. Bergson distingue connaissance et action, alors qu'il suffit de poser la connaissance comme principe d'action. Si j'ai connaissance, de par mes perceptions, de la fleur devant moi, il y a bien moyen d'agir sur elle ou sur mes perceptions. Même paralysé, il m'est toujours possible d'agir à partir de la connaissance de la fleur, puisque son simple souvenir provoquera en moi un mouvement cérébral. La perception est bien connaissance ici. Posons donc la conscience comme connaissance immédiate (et non-réflexive) du monde.

Nous pouvons dès à présent distinguer conscience et inconscient, ce dernier défini comme tous les processus internes dont on n'a pas connaissance immédiate. Une partie de ces processus communique avec la conscience, lui apportant les perceptions recueillies et filtrées. D'où vient ce gaspillage de temps et d'énergie qu'est la communication de ces données à la conscience ?

La conscience sert d'état-major, elle est la seule à avoir accès aux données dormantes de la mémoire pour y appuyer une décision d'action. Or, cette décision pourrait être réflexe, et elle en serait sans doute plus gagnante pour la survie. Alors pourquoi la conscience ? L'anticipation. La conscience permet d'anticiper l'action au vu des données perceptibles et dormantes.

Y a-t-il liberté de décision d'action ? Non : il n'y a qu'un calcul de données. Je ne pourrais penser à regarder tel film ou à effectuer telle action s'il n'y avait pas dans les données perceptibles et dormantes des pour et des contre qui déterminent le choix que j'ai à effectuer. Ces pour et ces contre, c'est notamment la morale. L'intérêt du plaisir. L'axiome de Bentham : fuir le déplaisir.

Devant la multiplicité et le paraître-libre de la voix de la conscience, tout ce que nous pouvons faire pour agir moralement est d'accepter librement la détermination. La voix de la conscience n'est alors qu'une indication de notre détermination, qu'il faut valider ou non de notre libre arbitre. C'est le sursaut de la liberté face à la détermination extérieure qui crée la détermination morale que l'on nomme voix de la conscience.

43

Subjectivité et vérité. Dans son *Gai Savoir*, Nietzsche explique que tout écrit est exégèse du corps. Le point de vue qui s'exprime à travers un travail d'écriture est donc forcément subjectif. *Exit* l'objectivité, utilisons la subjectivité pour montrer un point de vue.

Mais l'utilisation du *je* suppose-t-il qu'il s'agit du *moi* ? Je ne le pense pas. L'ego qui s'exprime peut prendre le masque d'un personnage conceptuel et fictionnel. L'utilisation de ce narrateur, possédant ses caractéristiques propres, me permet d'avancer un travail de fond à la manière du Slim Shaddy d'Eminem. Ainsi, quand bien même ce narrateur/personnage ne respecte pas la vérité factuelle, son action imaginée permet l'expression de faits. On ne doit donc pas se méprendre : lorsque j'écris que j'ai fait une action, c'est ce personnage conceptuel qui l'a exécuté, et ce, de manière purement fictionnelle.

Peut-on tout de même parler de journalisme ? À mon sens, et je reprends les termes de Hunter S. Thompson : « la fiction est une passerelle vers la vérité, que le journalisme ne peut atteindre ». Lorsque René Descartes utilise la fiction du malin génie pour arriver à sa vérité certaine du *cogito*, il s'agit de la même démarche.

44

J'interprète la Nausée de Sartre comme une certaine peur de la mort : lorsque j'ai peur de la mort, c'est que j'admets que j'existe, et si j'existe, c'est parce que des événements se sont produits : j'existe par contingence. De là un grand désespoir : je n'ai rien fait pour exister, j'existe, et il va me falloir mourir.

45

Liberté et hasard. Il ne faut pas confondre chaos et hasard. L'usage actuel du terme *chaos* pour désigner une désorganisation imprévue (même dans les mathématiques via la théorie du chaos) relève plus du hasard que du chaos en tant qu'inorganisation, vide, sans matière et sans forme. Comme on peut le voir avec un algorithme de génération, le hasard peut être mis en ordre. Il l'est d'ailleurs, si l'on en croit la physique quantique.

Si la liberté humaine n'a pas de finalité, c'est bien un hasard, donc pouvant être mis en ordre *a posteriori*. Si elle a une finalité, elle est déterminée par cette finalité. Dans les deux cas il y a détermination de la liberté, ce qui est paradoxal, à moins de considérer que la liberté humaine n'existe pas autrement qu'en tant que représentation. Elle paraît être, et elle a besoin d'être ressentie comme étant, mais n'est pas en dehors du domaine de la représentation, de celui de l'esprit.

46

Spirales du doute. De même si je me mets à douter de ma propre existence, cela ne veut pas nécessairement affirmer ma non-existence. Ce serait oublier que l'autre pendant logique, le négatif de ma proposition, n'est pas choisi par le doute. L'inexistence de ma pensée peut paraître inconcevable, puisqu'elle est ce qui formule le doute. Néanmoins, mettre en doute l'existence de ma pensée, n'est-ce pas là, déjà, présupposer son existence ? D'un point de vue purement logique, puisque le doute est une action de ma raison, prendre pour objet la pensée elle-même revient à décrire un raisonnement circulaire.

Ainsi, en bon sceptique, nous pourrions expliquer que tel raisonnement peut être contré par tel autre, et qu'ainsi on ne peut dire de l'un qu'il est bon et de l'autre qu'il est mauvais. L'existence de la pensée mise en doute, nous en arriverions à douter de notre propre existence. Il ne resterait alors rien qui ne résiste au doute, et nous en arriverions à la conclusion morne et guère originale que l'on peut douter de tout métaphysiquement.

Mais ne doutons pas de Descartes, ce brave Tourangeau, notre enseigne nationale de philosophie française ! Il devait avoir raison.

47

Méditations métaphysiques inachevées. Si, comme l'écrit Nietzsche dans son avant-propos à la seconde édition du *Gai Savoir*, la philosophie n'est que transfiguration de notre état, que nous enfantons nos pensées dans la douleur et que seule la plus grande douleur permet cette descente dans les profondeurs, alors je peux raisonnablement me proclamer philosophe « par défaut », utilisant la philosophie pour me soutenir telle une canne sur le chemin de l'acceptation de soi et du monde. Certes, je ne souffre pas physiquement comme Nietzsche, Montaigne,

Épicure, pour ne citer qu'eux. Ma douleur paraîtra futile à leurs yeux et à ceux de mes contemporains désirant me juger, elle est pourtant ma force motrice, l'énergie qui me détermine et me meut. Cette douleur est mon inadéquation à la société humaine. Cette déception qui m'étreint lors du spectacle quotidien de mes contemporains et qui me pousse à m'en écarter avec dégoût et horreur pour retrouver l'épaule réconfortante d'un Chomsky, la dérision d'un Desproges, le rire si chaleureux d'un Nietzsche. En bref, mon insociabilité poussée à la culpabilité par mes proches, ma famille, mes professeurs, l'idéologie actuelle et passée.

Ma place ne me semble pas ici, dans une société grégaire par définition. Cela ne représenterait aucun problème si ceux qui me sont les plus proches ne m'empoisonnaient pas jour après jour dans leur manière insidieuse de véhiculer un vent de culpabilisation, des relents de sociabilisation évangélique qui sont autant de façons de me tuer à petit feu. Leur manière de me signifier que je suis fautif de ne pas accepter une grégarité forcée n'est qu'une petite partie de cette douleur qui me pousse à me retrancher.

Mais d'abord, pourquoi cette misanthropie maladive ? Cette sensation selon laquelle je ne m'adapte pas à mon milieu provient, à ce que j'ai pu en dégager, du manque de curiosité de mes contemporains ou, plus vraisemblablement, du trop grand intérêt intellectuel qui m'habite. Lorsque je ne retrouve pas cet intérêt à un niveau au moins aussi ample que le mien chez un interlocuteur, il me déçoit dans l'instant. Un homme qui sait mais n'est pas curieux de savoir n'est pas mieux placé dans la hiérarchie intellectuelle qu'un livre. Il ne fait que véhiculer l'information, sans même le vouloir ni la produire. Autant s'adresser à une encyclopédie ! Et la plupart des hommes et des femmes, des êtres humains plutôt, que je croise chaque jour n'ont même pas cette information. À quoi bon interagir avec eux, s'ils ne peuvent rien m'apporter et qu'ils ne veulent ou ne peuvent pas recevoir de moi ? Parler à un mur apporte moins de déception, moins de douleur. Au moins, la pierre n'a pas d'encéphale.

Ainsi, au bout de ce moment d'écriture, se détachent quelques propos. Premièrement, la cause de ma souffrance existentielle est composée à la fois d'un élan qui ne trouve pas d'écho et du jugement négatif que portent sur mon retranchement mes contemporains, jusqu'à mes plus proches. Aussi et secondement, ce sont deux douleurs qui me déterminent en réalité, et ma vie, dans son entièreté, n'a été que basculement de l'une à l'autre de ces douleurs, et je continue de me battre comme le héros de Cervantès. Troisièmement et en tant qu'effet et justification de la dernière proposition, même si je pense que c'est l'esprit intrinsèquement grégaire de l'être humain la cause à la fois de mon élan intellectuel, du manque d'écho et de la culpabilisation de tous les instants, je ne peux à ce stade en être certain. Il m'est donc pour le moment impossible de m'y opposer de telle manière que cela produise en moi des effets bénéfiques. Enfin, et quatrièmement, cesser de s'opposer à la grégarité des êtres aura évidemment une conséquence sur moi, mais l'atténuation, si elle est possible, de mes douleurs ne passera pas par cette résistance à la société. Il me faut d'abord me concentrer sur mes douleurs en tant qu'objets de pensée pour soi et en soi, avant de les réinsérer dans un plan plus général, pour enfin les atténuer sans perdre cette faculté déterminante chez moi qu'est la curiosité intellectuelle. Pour réaliser ce projet, la philosophie sera ma canne, éternelle compagne de ces inadaptés sociaux et corporels que sont les philosophes profonds. Et, avant de commencer, il me faudra faire table rase de tous les présupposés acquis par deux décennies d'éducation et de sociabilisation tortionnaire.

Espérons que ce travail, long et empli de difficultés, de chausse-trappes et de montagnes à gravir, saura calmer à terme mon esprit et mon être.

Solipsisme. Utilisons le doute méthodique, poussons-le à son paroxysme et peut-être trouverons-nous une certitude sur laquelle nous appuyer comme pierre fondatrice d'un nouveau rapport aux autres.

Descartes démontre le *cogito*. Soit. Donc je me définis comme un être qui pense. Certes, il n'est point besoin de rappeler le raisonnement qui aboutit à cette certitude, Descartes le fait admirablement.

Modernisons : imaginons un instant que je ne sois qu'un cerveau dans un bocal, voire une intelligence artificielle, et que chacune de mes sensations soit programmée et étudiée par des scientifiques. Dans l'impossibilité dans laquelle je me trouve de prouver ou de réfuter cette hypothèse, je ne peux que douter.

Ainsi, je ne suis pas libre. Schopenhauer, Lévi-Strauss et d'autres le pensent. Kant croit dur comme fer à la liberté. Ce n'est que profession de foi. Je ne peux pas dire si je suis libre ou non.

Idem quant à l'existence de dieux. Pire encore, je ne peux savoir si je ne suis pas seul dans un monde programmé. Je ne peux prouver l'existence en tant qu'êtres pensants d'aucun de mes congénères.

Alors, quelle certitude avoir ? Si les processus raisonnés que j'appelle pensées ne sont que des méthodes logiques implantées en moi par ces scientifiques, je ne peux même pas dire que je pense, car tout cela n'est qu'une suite logique composée de toutes les entrées sensorielles et intellectuelles que je possède de par mon expérience jusqu'à présent.

Puis-je, dans ce cas, me définir comme un être qui pense ? Ne serait-ce pas la conception cartésienne du déterminisme divin expliqué dans le paragraphe 41 des *Principes de la philosophie* ?

Première certitude. Me voilà arrivé à une première certitude. Quand bien même mes pensées ne seraient que les sorties d'une boîte noire, boîte elle-même programmée par un quelconque dieu ou informaticien, et dont le processus de création me serait inconnu – tout comme les entrées utilisées dans ce processus –, il est un fait qui est certain : il y a des sorties. Ce que je nomme raisonnement, pensée, existe tel que je le définis ici : est pensée la sortie de la boîte noire qu'est mon centre de raisonnement.

S'il y a sorties, il est possible qu'il y ait entrées. Je ne saute pas sur cette conclusion, car après tout le concept d'entrée engendrant une sortie n'est en informatique et en électronique que le pendant du couple cause et effet. Or, dans mon projet de remettre en cause mes préjugés, ce couple n'est pas une vérité absolue. Pourquoi ne pas penser un effet sans cause, une sortie sans entrée ?

48

Liberté et trous de vers. Les théories physiques actuelles n'excluent pas que certains trous noirs puissent abriter des trous de vers reliant un point de l'espace-temps à un autre. Pour autant, elles ne confirment pas non plus leur existence.

De même, le libre arbitre n'est pas exclu par ma conception, ni confirmé. Son champ d'application est simplement très restreint.

49

Pourquoi je n'aime pas la philosophie universitaire. Si, comme le dit Merleau-Ponty dans *Le visible et l'invisible* le propre de l'interrogation philosophique est de se retourner sur elle-même, de demander ce que c'est que de questionner, alors je suis véritablement dans une position philosophique.

Ce que je vois de la philosophie universitaire, et j'appuie bien sur cet oxymore, c'est une méthode de travail pour comprendre les interprétations des philosophes qui se tenaient avant nous. Quel intérêt ? Le même que celui de l'historien. Peut-on forger sa propre interprétation à partir de celles que nous avons étudiées ? Sans doute. Peut-on le faire autrement ? Bien sûr, et c'est exactement ce qu'ont fait les philosophes depuis des millénaires. Qu'est-ce qui va faire que je vais préférer l'interprétation de Sartre à celle d'Aristote ? La cohérence ? La méthode ? Mon corps. Appelez ça comme vous voulez. Cartésiens, vous placerez cela dans la substance pensante, qui n'est autre chose qu'un concept inventé pour ne pas sombrer dans le tragique. Notre expérience. Si je préfère telle interprétation à une autre, c'est parce que d'expérience l'une me paraît plus rationnelle que l'autre.

J'aime la philosophie ; la philosophie universitaire n'est qu'une histoire des idées où seuls ceux capables de restituer un cours sont considérés comme dignes de philosopher. Eh ! je ne dis pas que tous les étudiants ne sont que des moutons de Panurge, mais le travail qui leur est demandé consiste en un long couloir où il s'agit d'enfoncer des portes ouvertes. Certains creusent sous certaines portes, d'autres les crochètent, mais au final l'exercice est toujours le même. Si bien que comprendre comment ouvrir ces portes devient plus important que le fait même de les ouvrir ; comprendre la philosophie est de moindre importance si l'on peut expliquer en quoi tel auteur avait tort.

C'est pourquoi si la philosophie universitaire, se prétendant seule philosophie, est une fin en soi – et non le moyen de philosopher par soi-même –, elle ne m'est que peu utile. Autant passer du temps sur des jeux vidéo.

Comprenez-moi bien : si un étudiant en philosophie est capable d'expliquer dans le détail la différence des substances chez Descartes, mais pas son point de vue sur le concept de corps sans faire une seule référence, alors la philosophie universitaire est bien une fixation du savoir, et non une ouverture de celui-ci. Elle ne m'intéresse donc pas.

Je pense que ce n'est pas un hasard si la plupart des philosophes contemporains ne se disent pas philosophes. Si la philosophie universitaire sert à créer des historiens, ou des professeurs de philosophie, et non des Diogène ou des Descartes, alors arrêtons d'appeler philosophie notre interprétation du monde et laissons ces vieux gâteux croulants comprendre Platon sans le mettre en action.

En un mot : Descartes a étudié la philosophie scolastique, il en fut un farouche opposant. Si la philosophie universitaire est la nouvelle scolastique, je me dois d'entrer dans l'opposition.

50

Addendum au factum. Alors, ceux qui ont envie de prendre une pause, allez pisser votre café parce que je ne vais pas vous parler d'un texte de Leibniz mais de la philosophie.

La philosophie je la connais, car je la vis. La philosophie, c'est la vie.

J'ose penser, et pour cela, on me met au ban de l'université. J'avais échappé de peu à me retrouver sans DUT après mes deux ans à philosopher dans un cadre universitaire où l'on apprenait plus comment baiser un client ou monter une entreprise que comprendre à utiliser nos propres outils. Pourtant, certaines conversations avec les professeurs me laissaient penser que « j'étais l'un des rares à penser et à avoir la capacité à s'exprimer le mieux à ce sujet » (*dixit* une professeure d'anglais avec qui j'ai eu une conversation d'une bonne heure). Oui, vous permettez, j'enjolive un peu pour mon ego, vous inquiétez pas, je suis comme ça moi. Faut imaginer, le DUT c'est un peu le camp disciplinaire par rapport à ici. Là-bas, les retards, il faut les justifier, cours obligatoires et tout le toutim ! Plus de trente-cinq heures par semaine, et tu commences tout en bas de l'échelon. Il y a toujours un Sartre ou deux dans une promotion : les types qui travaillent beaucoup mais qui ont un sens de la provocation dans un perpétuel combat contre l'autorité.

Ce perpétuel combat contre l'autorité, c'est ce qui m'a véritablement montré la voie de la philosophie universitaire, à travers ma professeure de philosophie. À l'époque, c'était il y a quatre ans, une vie quoi, j'étais bien le seul à remettre en question la philosophie, en montrant ses failles, en opposant ma vision du monde à celle des philosophes. À tel point que lorsque je revis cette professeure à la fin de mon DUT elle me dit qu'elle ne m'aurait jamais vu supporter la philosophie universitaire, puisque de son temps je faisais tout pour saboter mes devoirs.

Peut-être ce rejet de l'autorité, cette indépendance claire vis-à-vis de toute forme de hiérarchie a-t-elle été la marque de toute mon existence jusqu'à présent. Vous vouliez que nous exprimions notre philosophie propre ? Eh bien elle est là. Est-ce que l'on va me prendre pour un fou ? Ma philosophie, telle que je la pratique, est un match de boxe, elle est une forme de séduction, elle est une partie d'échecs. C'est l'expression de ma volonté de puissance.

Je ne sais pas pourquoi j'ai arrêté d'être ce Sartre en arrivant en philosophie. Peut-être parce que je me sentais chez moi ici, que je pouvais enfin parler de tout avec tout le monde. C'est grisant cette liberté, non ? Avant, vous êtes plongé dans un magma infâme, on vous en extirpe pour être avec vos semblables. Peut-être aussi parce que M. Mongis m'a bien fait comprendre que je n'avais pas les bases. Bah ouais, mais quand on est matérialiste, faut dire que ce que peuvent piper les idéalistes là-haut… J'accrochais pourtant, j'essayais bien de suivre.

Mais je ne me suis jamais autant senti vivant que dans l'opposition franche. Il me semble que c'est Camus qui disait ça. On pourrait m'objecter, d'un air paternaliste, que la fac ne sert pas à ça. C'est ça, lisons ce nazi d'Heiddeger, expliquons cet idiot de Platon, moquons-nous de Foucault, en un mot, restons passif mais ne philosophons surtout pas en entrant dans l'action. C'est bien beau de comprendre Kant, sa morale est un superbe diamant qui n'a qu'un seul défaut : elle est inapplicable.

Helvétius, son contemporain, avançait une morale immanente qui avait le mérite de fonctionner. Mais Helvétius avait l'avantage de voyager, contrairement à ce pleutre de Kant, coincé dans son Allemagne et tentant désespérément de faire de l'anthropologie et de la géographie…

Alors si la philosophie universitaire n'est qu'un musée où l'on ne fait que regarder des bijoux de pensée futile, je préfère encore me retrouver à la rue et apprendre ce qu'est véritablement la vie. C'est mon lot de toute manière : jeté de l'université avec pour seul bagage le profond rejet de l'autorité qui me caractérise, je ne peux que partir serein, endetté par un contrat qui permettait aux fils d'ouvriers comme moi de parvenir aux lueurs de l'université.

Allez tous vous faire foutre, la plupart en ont bien besoin.

51

Si vous trouvez un nom de courant dans lequel me caser, grand bien vous fasse. Mais je ne vois pas pourquoi on devrait s'intéresser à ce problème. Nous ne trouverons jamais de solution : depuis que la philosophie existe une partie d'elle-même s'échine dans des efforts qui n'apportent rien à l'humanité, qui n'ont pas de fondements certains, et qui ne sont donc que pures spéculations.

Si c'est comme ça, pourquoi ne pas prendre comme hypothèse de la science-fiction ? Je pourrais très bien vous dire que je pense que notre monde a été créé pour que nous philosophions en cherchant la question ultime de la vie, de l'univers et de tout le reste dont la réponse est quarante-deux. Ou bien qu'il existe une licorne rose invisible. Tout cela est proprement absurde, nous le savons tous deux, mais je pourrais vous faire un très beau raisonnement y parvenant. Et on ferait de moi un philosophe comme Berkeley. Ou pire, Platon. Platon, d'ailleurs, n'était qu'un écrivain de tragédie.

52

Ultime copie. Une approche personnelle, c'est ce que vous demandez… Eh bien, je suis désolé de vous l'apprendre, mais aucun des noms inscrits sur ce sujet ne m'est familier.

J'ai pourtant suivi vos cours. Pour être honnête, seulement quelques-uns. Ceux-là m'ont passionné : votre approche de Wright comme organiquement axé autour du foyer a changé ma manière de le voir. Je ne me moque pas de vous : si les enseignants de philosophie étaient aussi enthousiastes que vous à traiter leurs cours, je ne serais pas là à vous écrire. Wright, Luytens, Gaudi, même Horta j'aurais pu les traiter. Là, il ne s'agit pour moi que d'illustres inconnus.

Alors j'ai bien peur de vous faire perdre votre temps. Je sais que le temps d'un enseignant corrigeant des copies est précieux, gardez celle-ci pour la fin. Nous savons tous deux que nous nous reverrons aux rattrapages.

Il me faut attendre une bonne heure avant de pouvoir sortir, laissez-moi vous divertir avec une petite histoire. Ce serait un gâchis de copie double, autrement.

À l'académie des chouettes, il y a deux types de chouettes (en réalité il y en a bien plus, mais les chouettes ont tendance à tout catégoriser). Il y a les chouettes virevoltantes et les chouettes picorantes. Les premières vont à l'académie pour apprendre à voler, comprendre comment se comportent leurs proies pour mieux les attraper par les airs. Les secondes s'occupent de dépecer les animaux morts, ce sont des charognards. Rien de péjoratif à cela, la nature s'ordonne merveilleusement.

Comme vous le savez sûrement, les chouettes sont des animaux menacés de disparition. La faute à tout un tas de facteurs, ne nous étendons pas là-dessus, ce n'est pas le propos.

Le rôle de l'académie était assez simple : il y entrait une pelletée de chouettes, virevoltantes ou picorantes, peu importe, et il devait n'en sortir que des picorantes, en apparence du moins. Sur le papier, cela permettait de justifier son existence même au sein de la nature : personne ne redoute des charognards dans les temps où l'on fait la chasse aux prédateurs.

Seulement voilà : pour arriver à ce résultat, il fallait se débarrasser d'une façon ou d'une autre des virevoltantes. La manière privilégiée était de les mettre à la porte purement et simplement si elles refusaient de picorer. Le souci arriva lorsque les maîtres chouettes s'aperçurent que l'académie devrait fermer ses portes s'ils n'avaient pas assez de picorantes à la sortie. Comment résoudre ce problème ?

Une vieille maîtresse chouette proposa de décréter toutes les chouettes sortantes picorantes, quand bien même elles ne le seraient pas. Ce fut fait, et l'académie fut sauvée.

L'année suivante, les maîtres chouettes firent face à deux nouveaux problèmes : il y avait de moins en moins de chouettes à l'entrée, et les chouettes virevoltantes préféraient chasser seules par de belles nuits étoilées plutôt que picorer, dégoûtées d'être ainsi prises non pour des chouettes mais pour des moutons (ce qui, vous en conviendrez, est assez incongru).

La vieille chouette régla ce second point par le bâton et non la carotte. Mais bien que ce problème fût symptomatique de quelque maladie de l'établissement (les rats ne quittent pas les navires aux tonneaux pleins), c'est sur le premier point que la vieille maîtresse chouette réfléchit le plus. Il fallait par tous les moyens attirer de nouvelles chouettes. Pensez ! les chouettes des environs avaient eu vent des déboires de l'académie, et répugnaient à y entrer. Il faut dire que celles qui en sortaient n'y revenaient jamais, et lui faisaient mauvaise presse.

Mais la vieille maîtresse chouette eut une idée. Elle fit entrer des hiboux. Ces animaux ressemblent à des chouettes, mais leur loyauté va à leur espèce. Et c'est bien là que le bât blesse : la vieille maîtresse chouette avait gonflé les chiffres, mais au final, ce qui allait sortir ne compterait pas au rang des chouettes.

L'académie ferma ses portes quelques années plus tard, remplacée par une supérette. La vieille maîtresse chouette fut promue au titre de Grande Doyenne de la gouttière du toit Nord de la Sorbonne, ce qui est une belle fin de carrière. Les autres maîtres chouettes s'éparpillèrent aux quatre vents.

53

Fragments.

XVIII

Je veux être de ceux qui mettront à terre ces pachydermes de la philosophie, ces imposteurs de l'intellectualisme.

XIX

La philosophie est-elle compatible avec la vie ?

XX

L'Homme n'est pas, par nature, sociable. Il est comme l'oiseau migrateur : solitaire ou en couple, il se regroupe lorsque sa survie l'exige (le nombre empêchant les prédateurs).

XXI

Idolâtre ? Les chrétiens ne prient-ils pas une croix de bois et des statues de pierre ?

XXII

Je ne sais pas si je laisserai mes enfants croire au père Noël. La question est de savoir si la croyance est propédeutique à la connaissance.

XXIII

La liberté comme médication roborative.

XXIV

Le *tetrapharmakon*[14] n'est d'aucune utilité lancé à cent soixante à l'heure sur l'autoroute.

14. τετραφάρμακος.

Livre second

Politologie sociétale

54

Les hommes de paille. La politique ne peut être que de la merde ; les gens qui la pratiquent des gens en manque d'affection. C'est bien connu, avant d'être président, Sarkozy devait essuyer la couche de Chirac, tout comme Chirac devait le faire pour Mitterrand. Tout ça pour quoi ? Être le plus haut placé dans les hommes de paille ? Eh ! réveillez-vous, il n'y a pas de quoi rire. Il faut être détraqué pour rechercher, dans une course de lévriers, une charge dont le poids des responsabilités devrait être si immense. Atlas voulait échapper à cette charge, le poids du Monde, lorsqu'il persuada Héraclès de le porter. À croire que les dieux sont plus parfaits, et qu'il n'y a que l'homme qui, dans sa faiblesse, succombe à la déviance.

55

Pardon d'être cons. Sans vouloir vexer personne, et avec tout le respect que l'on vous doit, en tenant compte de toutes les susceptibilités, sans provocation aucune, avec l'absence totale d'arrière-pensée malsaine, en tenant compte de nos différences, de notre passé, de notre culture, de notre histoire, sans un gramme d'arrogance, ni de haine, ni de violence, avec toute la sympathie possible, la reconnaissance absolue, la bienséance de bon aloi, avec l'estime nécessaire et la volonté de ne froisser quiconque, nous émettons le souhait, et cela sans agressivité, et en restant dans le domaine purement de l'espérance sans obligation aucune, nous émettons le souhait donc, de vivre, à condition que cela ne soit une entrave pour personne, ni une gêne insurmontable, dans un monde meilleur, si bien sûr vous n'y voyez aucun inconvénient. Si quelque chose vous a choqué, nous nous en excusons par avance et vous demandons de nous pardonner pour notre erreur fortuite.

56

La société est au bord de l'explosion, ça se sent dans l'air que l'on respire. Les gens veulent se battre ou baiser, aimer ou tuer. Le Vietnam, c'est pas si loin là-bas. Les gens commencent à choisir leur camp. Tout va partir en flamme, mec. La planète hurle. Il faut que ça change, il faut fabriquer des mythes.

57

Je suis heureux ici, le soir, lorsque le soleil tombe sur la bordure de mon chapeau alors que je lis la correspondance de Thompson, une cigarette fumante à la commissure des lèvres, un café noir posé d'un côté de mes fesses tandis qu'un chat tout aussi noir se roule sur le banc de l'autre. Chaque brin d'herbe, chaque caractère imprimé, chaque coloration particulière de mousse sur les arbres paraît en accord avec la musique que j'ai dans les oreilles. Oui, incontestablement, je suis bien et n'ai aucune envie de bouger de ce banc autrement que pour remplir ma tasse d'un café chaud ou bien d'une bière fraîche (que j'ai à profusion).

Je commence à être dégoûté de la politique. D'aucun n'hésitait pas à comparer le Sarkozy de la première époque à Kennedy. Si Sarkozy était bien l'Américain comme on a pu le dire, ce serait plus tendance Nixon. Du moins l'ai-je cru un temps. À présent, je pense être lucide, et ça me file une peur bleue.

Lui et ses ministres ne font que perpétuer le théâtre de ses prédécesseurs. Ils ne maîtrisent rien, et leurs pantomimes ne sont que la manière la plus efficace de recouvrir la vérité d'un écran de fumée. Tout cela est d'une absurdité formidable, mais, par un phénomène similaire à celui qui fait s'accrocher la ménagère à la télévision diffusant *Plus belle la vie* ou *Secret Story* (qui sont, au fond, la même chose), toute personne suivant au jour le jour ce spectacle continu sera happée. Au final, les commentateurs politiques ne valent pas mieux que les fans de séries américaines : ils ne voient pas la réalité politique, qui est qu'elle ne peut rien faire de plus face à la liberté inhérente à l'être humain qu'agiter les bras de manière suffisamment sophistiquée pour masquer sa propre inanité.

58

On a cru que le communisme venait des ouvriers les plus instruits ; il vient en réalité des intellectuels les plus cruches. Il n'y a pas d'égalité entre les hommes. J'ai pourtant longtemps cherché cette égalité intellectuelle, en sachant que quelque chose clochait dans mon raisonnement. La preuve reste à être donnée. Peut-être m'y remettrais-je un jour.

S'il n'y a pas d'égalité, il ne faut pas en déduire que toute hiérarchie s'en trouve justifiée – ce serait une erreur de logique. « Et pourtant, me direz-vous, regardez : il n'y a pas d'égalité entre l'homme et l'animal, et nous mangeons du bœuf ! Un patron mange, passez-moi l'expression, ses employés en faisant courber leur échine à sa volonté. La hiérarchie est donc légitime ». Et je vous répondrai : mais en quoi nous est-il légitime de manger les animaux, tout autant composés de carbone, d'oxygène et d'hydrogène que nous ?

59

J'ai pas la télé. Moi, perso, je m'en fiche, j'ai pas de télé. C'est pas faute d'envie, mais plutôt de moyens. Il y a une étude de l'Insee, je sais pas si tu as vu, qui a conclu qu'il y avait plus de pauvres depuis l'an dernier. Environ 400 000 à ce que j'ai lu. J'ai voulu me renseigner. La pauvreté est définie de façon purement relative. Regarde : je schématise.

Tu prends un revenu médian, c'est-à-dire que 50 % des gens sont au-dessus, 50 % en-dessous. Tu as donc un type qui s'appelle Robert Médian, il touche 1500 € par mois net. Julie Seuil, elle, est astrologue. Pas déclarée, hein. Selon qui lui demande, elle gagne entre 50 et 60 % de ce que touche Robert, soit entre 800 et 950 €. Bah, tous ceux qui ont moins que Julie pour vivre sont pauvres. Tu vois, c'est tout bête.

Il y avait un truc qui me chiffonnait. Et les types qui ne travaillent pas, qui font la manche pour survivre, ils n'ont pas de revenu, nan ? Alors j'ai fouiné encore un peu plus. Je suis tombé sur le site de l'Insee et j'ai lu : « Champ : France métropolitaine, personnes vivant dans un ménage dont le revenu déclaré au fisc est positif ou nul et dont la personne de référence n'est pas étudiante. » C'est sur ça qu'ils basent leurs chiffres ? Sur des revenus déclarés au fisc en France métropolitaine ?

J'apprécie sincèrement la mention des étudiants. Bah oui : les étudiants ne peuvent pas être pauvres… S'ils le sont, ils ont des bourses !

Si tu penses ça, je t'arrête tout de suite. D'une, le calcul des bourses est basé sur le revenu des parents. Si les parents ne peuvent pas t'aider, parce qu'ils ont leur crédit à payer, tu es comme un idiot à survivre avec ton loyer à 300 €. De deux, faut pas se leurrer, les bourses, c'est pas Crésus. Regarde bien les attributions, et tu verras que c'est moins qu'un RSA.

Ah, mais on oublie les allocations ! Joie ! De l'argent qui ne couvre que la moitié de ton loyer lorsque tu ne déclares aucun revenu, ça c'est cool ! Ouais, mais les parents perdent au moins autant de leur côté, avec parfois un trop-perçu à payer.

Les étudiants sont censés être de grosses feignasses, n'est-ce pas ? Allez trouver un boulot ! C'est sympa, mais pour ça il faudrait en trouver en-dehors des heures de cours, dont l'emploi du temps peut être modifié jusqu'à toutes les semaines en IUT. Pour ceux qui rêvent d'un statut salarié, il faut justifier d'un contrat de travail pour au moins 380 heures dans l'année (10 mois). Oui, 10 heures par semaine où tu n'es pas à bosser tes cours, pour gagner de quoi les faire. Il faut déjà le trouver, le contrat, au jour des CDD à court terme et autres intérims. Et si tu as le malheur de ne pas l'avoir, prends garde à ne rater aucun cours ou partiel pendant que tu passes la serpillière dans le bar d'à côté. Tu risques un renvoi dans un cas – malgré tes résultats –, la perte de tes bourses dans l'autre, voire leur remboursement.

Alors je fais partie de ceux qui ont moins d'un RSA pour vivre, tu vois, je n'ai pas le luxe de posséder une télévision. Peut-être le gain de santé que cela me procure compensera le Sida que j'attraperai en faisant le tapin comme 40 000 de mes camarades voulant simplement survivre à leurs études.

60

Société de contrôle, un exposé sommaire. À la base, la société de contrôle est une invention de William Burroughs reprise par Gilles Deleuze sur la base des travaux de Michel Foucault.

Michel Foucault a beaucoup étudié les sociétés disciplinaires, d'un milieu d'enfermement à un autre : la famille, puis l'école, l'armée, la prison, l'usine. Mais il a noté vers la fin de sa vie que le futur de ces sociétés disciplinaires serait des « formules insidieuses et souples ». Deleuze a donc repris ces travaux et en a déduit que nous basculions vers des sociétés de contrôle qui paraissent être d'abord de nouvelles libertés acquises.

La société de contrôle est donc une société qui s'appuie sur les nouvelles technologies de l'information et de la communication pour offrir des libertés apparentes. Apparentes seulement, car elles servent à mieux contrôler les individus qui la composent.

Un exemple : la vidéo-surveillance. Les caméras de vidéo-surveillance permettent de réduire les vols, c'est en tout cas comme cela qu'elles sont présentées. Mais elles permettent aussi de nous surveiller chaque jour un peu plus.

Des avantages… Cette société de contrôle présente effectivement des avantages.

Au niveau écologique, par exemple, inciter les gens à acheter des produits meilleurs pour l'environnement, comme des voitures hybrides ou des ampoules basse tension, est une bonne chose.

Au niveau de la santé, les exhorter à manger sainement est quelque chose de bon en soi, tout comme réduire le nombre de cancers du poumon en empêchant de fumer dans les lieux publics couverts. Comme nous le faisait remarquer M. F. ici présent, il n'y a pas si longtemps les professeurs pouvaient fumer en classe, le lieu devenait vite irrespirable. De même, proscrire l'abus d'alcool ou sa consommation par les plus jeunes empêche nombre d'accidents sur la route ou domestiques.

Enfin, Deleuze a noté que « beaucoup de jeunes gens réclament étrangement d'être motivés ». Autrement dit, si la société ne fait rien pour les motiver, il est possible qu'ils n'agissent pas correctement au niveau moral. Une décadence parmi les jeunes peut se répercuter sur les mœurs de la génération suivante, avec, à terme, une perte de notre statut économique par exemple.

… mais aussi des dangers. Mais nous pourrions aussi voir en la société de contrôle une menace oppressante, notamment pour nos libertés individuelles. Êtes-vous si libre que cela si vous ne pouvez pas fumer une cigarette sans sentir sur vous l'opprobre d'un professeur de morale quelconque ?

Au-delà de cet aspect, est-ce vraiment à votre voisin de faire la police ? J'entends par là que si vous déviez de la règle établie, de la norme de la société de contrôle, vous pouvez être dénoncé par des gens qui pensent selon cette norme. C'est peut-être un danger de la société de contrôle : individualiser les gens au point que même vos propres enfants peuvent vous dénoncer.

Chercher à réduire les accidents, c'est aussi chercher à éloigner la mort, ne pas l'accepter, et donc une conception de la vie qui n'est peut-être pas celle que vous avez. La société de contrôle va donc égratigner vos convictions personnelles.

Enfin, peut-être certains d'entre vous verront dans la société de contrôle une sorte d'eugénisme : si vous n'êtes pas selon une certaine norme édictée, vous êtes rejetés.

Profondeur du débat : le cas de Singapour. Penchons-nous sur la République de Singapour (qui n'a de république que le nom, c'est plus une « démocratie autoritaire »). La police agit principalement en civil.

- Interdiction des grèves et des manifestations sans autorisations.
- Interdiction des antennes paraboliques, seule la télévision hertzienne et par câble est autorisée.
- Interdiction de la pornographie.
- Interdiction du sexe oral s'il n'est pas suivi de pénétration vaginale.
- Interdiction de l'homosexualité et autres sexualités alternatives.
- Interdiction des comportements équivoques vis-à-vis des femmes.
- Lois sur les drogues très strictes (peine de mort pour une quantité supérieure à 480 g de cannabis).
- Interdiction à la vente des chewing-gums (pour ne pas avoir à les jeter par terre).
- Interdiction des armes à feu factices.
- Manger et boire dans les transports publics : amende de 250 €.
- Cracher par terre, fumer en public, jeter un papier gras, arroser ses pots de fleurs en laissant de l'eau stagner (cela attire les moustiques), se garer en centre-ville : amende de 250 €.

- Oublier de tirer la chasse dans les toilettes publiques : amende de 77 €.

- On coupe les cordes vocales des chiens qui aboient la nuit.

- Les hommes doivent *toujours* porter des pantalons, les femmes des bas.

- Les voitures sont équipées d'un avertisseur sonore assourdissant pour éviter de dépasser les 80 km/h.

- À partir de six heures le matin, interdiction de rouler seul dans une voiture.

- Vidéo-surveillance omniprésente.

- Contre une forte somme d'argent, les analphabètes sont invités à se faire stériliser.

Mais en matière d'avantages : le taux de criminalité de Singapour est parmi les plus bas du monde et le pays jouit du deuxième meilleur niveau de vie d'Asie après le Japon. A gagné le championnat international de mathématiques et de sciences par trois fois depuis 1995.

61

Parasite. La société me considère comme un parasite. Au-delà de l'homme de paille agité de manière on ne peut plus évidente par la classe politique, je sais bien qu'en matière d'assistanat je ne suis rien face à de véritables parasites[15]. Le problème, c'est qu'une majorité de mes contemporains le pense néanmoins. Il s'ensuit donc que je suis cerné par les abrutis, ou alors que ma vision des choses est faussée et que je suis effectivement un parasite qu'il faut éliminer, ou bien cet entre-deux : je suis cerné d'abrutis mais en tant que parasite je dois vivre à leurs crochets. Dans tous les cas, ce n'est guère reluisant ni pour moi, ni pour l'état de mes contemporains.

62

L'espèce comme information. Les idées se propagent comme des virus, les modèles mathématiques, sociologiques et médicaux de réseau sont appliqués de manière similaire dans les deux cas[16]. Le parallèle est facile à dresser : il s'agit pour chacun de se propager et de survivre dans une population d'hôtes potentiels, aux dépens d'autres idées ou virus[17]. De la même manière, notre place dans le réseau détermine nos chances d'exposition, de sorte que dans un monde de plus en plus interconnecté, nous avons de plus en plus de risques d'infection. Les modifications comportementales des hôtes, surtout via les nouvelles technolo-

15. Je pense par exemple à ces entreprises bénéficiant d'aides de l'État, dont le fameux CICE n'est qu'un avatar moderne, puis s'empressant d'évader fiscalement le tout de sorte qu'ils ne participent plus à l'économie nationale.

16. Nicholas Christakis a d'ailleurs montré en quoi les produits commerciaux, le rhume et les comportements se propagent par contagion dans un réseau.

17. L'esprit critique jouant ici le rôle du système immunitaire, participant à une certaine hygiène mentale.

gies, ont un effet important sur la nature même des convictions les plus tenaces.

On pense immédiatement aux mèmes, ces éléments culturels répliqués et transmis par imitation d'individu en individu. La mémétique se fait fort d'étudier la propagation d'éléments culturels, or les convictions ne sont-elles pas des éléments culturels parmi d'autres ? Par exemple, la résurgence de théories platistes[18] quelques 150 ans après leur élaboration moderne par Samuel Rowbotham n'est pas sans faire penser à la viralité de ces vidéos de chat[19].

Or, la mémétique nous enseigne que les mèmes évoluent à travers nous, on ne peut que créer les conditions favorables à leur apparition et à leur réplication. Nous n'y sommes pour rien, en tant que soi conscient. De fait, nous ne serions même pas maîtres de nos propres convictions, et pourrions très bien nous représenter comme des porteurs d'information, d'Idées, sans prise réelle ni sur leur apparition ni sur leur propagation. Tout juste pouvons-nous les amalgamer pour en améliorer la portée.

Le code génétique lui-même n'est qu'une somme d'informations écrites « en dur », et s'il nous est possible de décider de le partager ou non, nous n'avons ni le contrôle sur ce qu'il fait de nous, ni le contrôle sur ce que nous pouvons en faire, en ce que nous ne pouvons pas déci-

---

18. Les platistes sont les partisans d'une théorie de la Terre plate et non sphérique.

19. Que certains associent d'ailleurs au parasite *Toxoplasma gondii*. Il est intéressant de noter que des liens entre toxoplasmose et dépression, idées suicidaires ou schizophrénie sont supposés, bien que les études sur le sujet soient encore assez jeunes.

der par avance d'un chromosome plutôt que d'un autre[20]. Remarquons également que nous avons ce besoin de reproduction, qu'il est inscrit jusque dans nos gènes, pour sauvegarder ceux-ci – c'est sur cela que se base la vie.

Nous ne serions donc que des êtres agissant par et pour la sauvegarde et la propagation de gènes et de mèmes, donc basiquement d'information, tout cela dans un contexte darwinien du plus adapté à l'environnement. La culture ne serait qu'une suite ininterrompue de copies[21], il n'y aurait d'idée nouvelle que comme amalgame d'anciennes idées, de même qu'il n'y a de code génétique nouveau que comme amalgame d'anciens gènes.

De là en découlent au moins trois points. Le premier, c'est l'importance de la diversité pour l'espèce, et donc pour l'individu, ne serait-ce que comme élément de survie[22]. Le second, c'est que les inadaptés sont voués à l'extinction, qu'elle soit culturelle ou matérielle, si l'on s'en réfère à la théorie darwinienne[23]. Le dernier, enfin, c'est

20. En tout cas, c'est le cas en grande partie au moment où j'écris ces lignes. Nul doute qu'il sera en notre pouvoir, dans un futur proche, de modeler notre progéniture selon nos désirs.

21. Le parallèle entre copie culturelle et copie génétique serait à dresser, notamment à l'heure du numérique, puisque dans un cas comme dans l'autre nous n'avons que copie à l'identique à partir d'une source première comme moyen de propagation.

22. Ce dialogue du *Ghost in the Shell* de Mamoru Oshii résume à merveille ce point : « Si nous pensions tous de la même façon, nos actes seraient prévisibles. Et puis, plus on a d'opinions sur une situation donnée, mieux c'est. Et ce qui est vrai pour le groupe l'est également pour l'individu. C'est simple à comprendre : à force de nous spécialiser, nous devenons plus vulnérables, et c'est la mort. »

23. Il ne s'agit pas ici de faire preuve d'eugénisme, attention. On ne parle pas de hiérarchie de gènes ou de mèmes, mais bien de la *fitness*

que nous agissons toujours pour l'espèce et non l'individu. Ce n'est pas notre survie matérielle qui est en jeu dans la reproduction et l'évolution, c'est bien celle de l'espèce dans son ensemble, par création de diversité.

63

Je suis inadapté. Même sans le raisonnement précédent, le paradoxe est que je suis asocial, misanthrope, perdu dans un monde qui n'a jamais été aussi interconnecté. Si l'on y ajoute la démonstration précédente, je suis inadapté pour l'espèce.

Par l'esprit, avec ces convictions anticapitalistes qui font de ma survie même une question en suspens. De manière sociale, avec cette misanthropie qui me fait me replier alors que la connerie domine le monde, ce qui fait de ma survie intellectuelle (en tant que je peux transmettre mes idées) une question en suspens. De manière sentimentale enfin, où à l'heure des relations polyamoureuses[24] je n'arrive même pas à trouver une partenaire passagère, faisant de ma survie génétique une question en suspens.

En bref, c'est comme si l'espèce avait décrété que je n'étais pas un élément intéressant. Je suis inadapté.

---

de ceux-ci, leur capacité à s'adapter à leur environnement, et ainsi à se propager.

24. Où les plus adapté·es sortent avec plusieurs conquêtes.

64

Si le suicide est un sujet si délicat, c'est qu'il touche au problème existentiel propre à chaque personne. Contrairement aux autres décès, nécessaires puisque appliqués par le monde sur l'individu, le suicide pousse par sa contingence même à essayer d'en comprendre les raisons. Or, à part certains imbéciles heureux, tout le monde a déjà ressenti un jour que la vie ne valait pas d'être vécue.

Camus écrivait dès les premières lignes du *Mythe de Sisyphe* : « Il n'y a qu'un problème philosophique vraiment sérieux : c'est le suicide. Juger que la vie vaut ou ne vaut pas d'être vécue, c'est répondre à la question fondamentale de la philosophie. Le reste, si le monde a trois dimensions, si l'esprit a neuf ou douze catégories, vient ensuite. Ce sont des jeux ; il faut d'abord répondre. » Et en effet, la nature humaine semble être la souffrance. Eh ! on a inventé des religions entières pour expliquer pourquoi la vie n'est que souffrance. Que l'on parte de Pandore ou de l'exil de l'Éden, il ne s'agit que de couleurs particulières pour accommoder le tableau par ailleurs nu et terrifiant : l'être humain est né de la souffrance, et sa vie est souffrance[25]. Une grande partie des constructions culturelles ne sont là que pour tenter de sublimer cette souffrance, ou du moins pour la faire battre en retraite pendant un temps. Lorsque Nietzsche, au-delà de son avant-propos au *Gai Savoir*, nous exhorte à vivre comme si notre vie

---

25. « De tout temps les sages ont porté le même jugement sur la vie : *elle ne vaut rien…* […] Socrate lui-même a dit en mourant : “Vivre – c'est être longtemps malade : je dois un coq à Esculape libérateur.” Même Socrate en avait assez. » (Nietzsche, *Le Crépuscule des idoles*, II, 1)

devait être répétée éternellement, ce n'est pas autre chose que cela : essayer de vivre de sorte que la somme de nos douleurs soit déficitaire.

Ajoutez à cela l'une des blessures les plus graves que l'on puisse infliger à un être humain : le suicide touche directement l'ego des proches, en montrant que leur simple existence n'est pas suffisante pour justifier celle des autres. Il est donc assez logique de trouver le sujet du suicide délicat.

65

Le Loir-et-Cher était en 2008 le quatrième département de France métropolitaine en matière de taux de suicide avec ses 27,79 décès volontaires pour 100 000 habitants (c'était 10 points supérieur à la moyenne nationale, 18 points au-dessus de la moyenne européenne)[26]. On pourrait comprendre cela du fait qu'il est composé d'une grande partie d'agriculteurs, mais également de demandeurs d'emploi, deux populations à risque d'individus qui ont « étrangement » tendance à mettre fin à leurs jours[27].

---

26. Avec un taux standardisé de 22,2 en 2012, le Loir-et-Cher se place dorénavant à la onzième place.

27. L'Inserm a constaté en 2015 que le taux de suicide augmente avec le taux de chômage, et un travail publié en 2010 concluait déjà à un risque de suicide multiplié par 2,2 chez les chômeurs par rapport aux actifs. Le sociologue Christian Baudelot note dans *Suicide : l'envers de notre monde* qu'« une chose est sûre : en France, les hommes inoccupés se suicident beaucoup plus que les hommes occupés [...]. Mais le rapport entre les taux de suicide des actifs inoccupés et des actifs occupés n'est pas stable, il varie dans le temps. [...] Ces variations suggèrent que ce n'est pas l'inactivité en soi qui favorise le suicide, mais les

La France dans son ensemble n'est pas réellement mieux lotie, puisqu'elle occupe la dix-septième place au classement avec plus de 10 500 suicides par an (sans compter les quelque 200 000 tentatives), participant à hauteur de 13 % à la mortalité volontaire mondiale (800 000 par an environ). Ajoutons que sur le plan national, le suicide fait davantage de victimes que les accidents de la route[28], et sur le plan global, davantage que les guerres.

Si les femmes sont celles qui font le plus de tentatives, ce sont bien les hommes qui mettent réellement un terme à leur vie, puisqu'ils représentent plus des deux tiers des suicides français. Et s'il existe bien une disparité d'âge, on constate néanmoins qu'il s'agit de la première cause de mortalité des 25 – 34 ans (20 % des décès), et la seconde des 15 – 24 ans (16,3 % des décès).

Le ministère des Affaires sociales et de la santé propose une page web « Que faire et à qui s'adresser face à

---

conditions sociales et psychologiques qui les accompagnent et la façon dont elles sont vécues. [...] Le lien entre chômage et suicide n'a rien non plus d'universel. Il n'est pas du tout établi dans trois pays voisins – l'Italie, l'Allemagne et la Grande-Bretagne –, où les taux de chômage se sont envolés sans que les suicides ne suivent. »

28. Dans une étude de l'URC ECO de l'Hôtel Dieu à Paris, l'impact économique des suicides et des tentatives de suicide a été évalué à 9,8 milliards d'euros en 2009 (8,6 milliards d'euros pour le suicide seul). Parallèlement, dans un article des *Tribunes de la Santé*, Jean Chapelon note que, bien que le nombre d'accidents mortels ait baissé, les moyens alloués à une prévention routière ont augmenté, ce qui offre un impact économique des accidents mortels plutôt stable aux alentours de 25 milliards d'euros. À quiconque se demandant pourquoi la sécurité routière semble passer avant la prévention du suicide, vous avez la réponse : le coût d'une vie humaine, et donc son importance économique, est plus élevée dans le cadre d'un accident de la route...

une crise suicidaire ? » où l'on y apprend que le gouvernement est pleinement conscient de la situation, et propose de maigres liens vers différentes associations. Sos Suicide ne propose que des lignes téléphoniques, et la messagerie instantanée de sos Amitié n'ouvre qu'entre 19 h et 23 h. Mettons une seconde que j'ai des pensées suicidaires. Ayant une anxiété au téléphone, ou tout simplement dans l'incapacité de téléphoner du fait d'une couverture on ne peut plus honteuse du réseau téléphonique français, que dois-je faire ? Attendre le lendemain soir, ou en conclure que la société n'en a rien à faire que je crève ?

Le fait que cette page web ait été actualisée pour la dernière fois il y a trois ans, que les sites des différentes associations ressemblent à ce qu'il se faisait de mieux il y a dix ans, que les souffrances psychologiques (type *burn out*) soient écartées d'un revers de la main, que les médias ne traitent que de mortalité accidentelle (morts au volant, terrorisme, faits divers…) ajoute du poids à cette conclusion qu'en réalité la société n'en a rien à faire. L'individu projetant de mettre fin à son existence est considéré comme déjà sorti de la société, celle-ci ne veut pas perdre de temps avec lui. Si les efforts déployés par la société ne sont pas suffisants, elle légitime de fait cette pratique[29]. Et puis, pourrait-on ajouter sur une touche d'humour noir, si ça peut faire baisser le taux de chômage…

29. De la même manière que pour la fraude fiscale : les efforts déployés sont loin d'être assez importants, malgré les moyens présents. La fraude fiscale est encouragée par la société, que ce soit légal, moral ou non.

66

Monde de merde. Nous vivons dans un monde de merde, et je n'ai pas le pouvoir de le modeler selon ce qu'il devrait être. Ce n'est pas une question de volonté, aucun être humain ne le peut, et la nature conflictuelle du corps social, en tant que traversé de volontés opposées, montre que même collectivement cela ne peut se faire en un temps raisonnable.

Dès lors, la logique voudrait que je ne m'occupe que de ce sur quoi j'ai une emprise, en bon épicurien[30]. La question qui se pose alors : sur quoi ai-je de l'emprise ? Le champ des possibles est si restreint que l'on peut légitimement affirmer que je n'ai aucun contrôle.

Puisque je n'ai aucune emprise, c'est à moi de changer. Je n'ai pas l'ego d'affirmer que le monde devrait se soumettre à ma volonté, c'est bien à moi de changer.

67

Nous sommes arrivés à l'époque de l'hyperréalité, où la conscience perd sa capacité à distinguer le réel de l'imaginaire. De manière prosaïque, on pourrait rejeter cette idée en disant que la réalité virtuelle n'est pas encore assez avancée. Mais en réalité, c'est l'épiphénomène de la « post-vérité[31] » qui nous le montre : les gens ne sont plus

30. À la manière de Georges Moustaki : « ma liberté, [...] je t'ai trahi pour une prison d'amour et sa belle geôlière », *Ma Liberté*, 1967.

31. Dont le porte-étendard est cette tendance de la *fake news*, mais on peut également citer l'influence de la figure d'autorité de Trump, le retour en force des théories platistes, les complotistes de tout bord,

capables de distinguer réalité et simulation, ou *simulacre* au sens de Baudrillard. La célèbre phrase de l'hyperréalité comme « simulation de quelque chose qui n'a jamais réellement existé » tape en plein dedans. Il suffit de constater l'évolution de la publicité ces trente dernières années : d'une réalité parfois froide où l'on vante les mérites d'un produit, nous sommes passés à la tentation d'une vie fantasmée.

La vérité, en tant que conformité à la réalité, s'est retrouvée reléguée au second plan. Prime l'image, le simulacre. De sorte qu'il n'est pas étonnant de voir cette culture de l'image de soi, du *selfie*, de la conformité à tout prix à la norme imagée qu'ont les plus jeunes générations. Cette société du spectacle où se mettent d'eux-mêmes en avant comme marchandises les individus, ce n'est qu'un effet de bord.

Une majorité silencieuse, de plus en plus de gens, une masse informe, absorbe ainsi les images de manière passive, sans esprit critique, devenant un média en lui-même. Cela rappelle bien entendu la télévision – et je ne pense pas que ce soit un hasard –, mais le phénomène est surtout exacerbé par les réseaux sociaux[32].

---

qu'ils soient partisans de l'*inside job* ou des aliens… Il est tout de même symptomatique, et par le moins effrayant, de constater que des gens restent convaincus d'une réalité fantasmée en se basant exclusivement sur un poisson d'avril ! Notons également que je déteste au plus haut point ce terme de « post-vérité », qui suppose que l'on aurait dépassé la vérité. La notion même me semble être un jouet conceptuel plutôt flou, qui reste encore à théoriser pour en découvrir un objet somme toute creux.

32. Éternelle lame à double tranchant, pouvant aussi bien libérer qu'asservir.

68

Fragments.

XXV

Politique, si vous êtes un homme, j'espère que vous apprécierez cette longue poussée dans mon rectum.

XXVI

Il est étrange de penser qu'à l'heure où l'originalité, le paraître-unique, s'inscrit comme valeur de la femme contemporaine, elle ne pense à se vêtir, se maquiller, se parfumer, bref se créer une identité propre qu'à partir d'une gamme de prêt-à-porter fabriquée à la chaîne.

XXVII

Pourquoi ai-je l'impression d'être revenu en trente-trois, à ceci près que l'antijudaïsme est remplacé par l'anti-islamisme ? J'ai honte de ma famille, j'ai honte de mes collègues, j'ai honte de ce pays. J'ai l'impression d'être entouré d'aveugles : quelle que soit la perle de lumière que je puisse élever, ils n'y sont pas sensibles.

XXVIII

Nous voulons simplement exister, comme le rat dionysiaque.

XXIX

Je ne crois pas en la révolution parce que je ne crois pas en la fin de l'histoire et de la civilisation, thème hégélien et marxien.

Merci patron

69

Comme je l'ai déjà écrit précédemment, la question du rapport au pouvoir est centrale. Or, nous baignons constamment dans une mélasse idéologique libérale selon laquelle le travail est la valeur ultime et indépassable[33]. Ad-

33. Sans aller chercher l'étymologie du travail dans le latin *tripalium* (instrument de torture), on rappellera que la phrase de Nicolas Sarkozy reprise par Emmanuel Macron « le travail, c'est la liberté » fait écho à l'ironique frontispice des camps de concentration nazis « *Arbeit macht frei* », le travail rend libre. Comme le souligne le sociologue Loïc Wacquant : « Comment voulez-vous que des jeunes, qui ont des emplois placards et des stages bidons, acceptent de rentrer dedans si on ne leur dit pas que le travail c'est formidable ? » (*Attention danger travail*, 2003). Notons également que cette valeur travail est une construction somme toute récente de la société occidentale, au mieux peut-on la dater de deux siècles puisque Paul Lafargue constate que « les Grecs de la grande époque n'avaient, eux aussi, que du mépris pour le travail : aux esclaves seuls il était permis de travailler : l'homme libre ne connaissait que les exercices corporels et les jeux de l'intelligence. » (*Le Droit à la paresse*, 1880), tandis qu'Albert Einstein écrit qu'« il est intéressant de constater à quel point l'attitude des hommes face au travail s'est modifiée au fil du temps. Quand Adam fut châtié, il entendit "Tu gagneras

mettons. Je veux bien croire que lorsque l'on est maître de son avenir, suffisamment haut placé dans la hiérarchie sociale pour avoir son mot à dire sur le déroulé de sa propre production, on puisse en toute sincérité trouver grandiose de se définir comme projet, que l'on aime ce que l'on apporte à l'édifice commun et comment on l'apporte. Mais quand le mode d'accès majoritaire au travail est le salariat[34], cela me pose un problème de taille.

D'une part, parce que ce travail salarié se présente comme unique moyen de survie matérielle, comme seul moyen de subsistance. Si le chantage à l'emploi est autant pratiqué, c'est bien parce que le simple fait d'exister sans produire une valeur marchande reconnue n'est pas suffisant pour vivre[35]. Loin de moi l'idée d'utiliser le terme effrayant de Capital, mais il est également assez intriguant de constater ceci : si j'aide mon voisin à poser un muret, ce n'est pas considéré par mes contemporains comme du tra-

---

ton pain à la sueur de ton front". Le travail lui fut imposé comme châtiment et fut considéré comme une malédiction. Le châtiment de l'Adam moderne, c'est d'être licencié et privé de son travail. » (lettre au *New York Herald Tribune* du 30 avril 1939)

34. Selon les chiffres de l'Insee en 2015, 90 % des actifs sont salariés. Il est à noter que, selon ces mêmes données, en 1970 ce taux n'était *que* de 79 %.

35. « Vous semblez oublier, en effet, mes amis, que vous n'êtes que des salariés, c'est-à-dire les êtres les plus vulnérables du monde capitaliste ! Des chômeurs en puissance ! Le chômage… Le chômage et son cortège de misères… Y avez-vous pensé ? Finie, la p'tite auto, finies les vacances au Crotoy, fini l'tiercé… C'est pourquoi, mes amis, si vous avez des revendications d'salaire à formuler, vous m'adressez une note écrite et j'la fous au panier, et on n'en parle plus. Nous sommes bien d'accord ? », comme le dit Bernard Blier dans le film *Un idiot à Paris* de Serge Korber, dialogue écrit par Michel Audiard.

vail. Mais dès lors qu'un maçon tend une facture à mon cher voisin, cela devient du travail à proprement parler. Le travail, réduit seulement au simple échange marchand, le salariat comme monopole de son accès, et le chômage structuré établi en moyen de coercition, voilà déjà la première partie de mon problème.

Ensuite, parce que le travail salarié est fondamentalement un rapport de subordination. Que ce soit juridiquement à travers l'inscription *verbatim* dans la loi, mais aussi économiquement en ce que l'employeur a, par définition, plus d'importance que l'employé. C'est bien parce que le législateur est conscient de ce déséquilibre qu'il a consenti, sous la pression de luttes sociales acharnées, à autant de garde-fous[36] ! De l'esclavage où le maître achetait l'individu, au salariat où il n'achète plus que la force de travail, le lien de subordination juridique et économique n'a effectué qu'une bien maigre translation. Dans ce servage[37] raffiné, l'esclave n'y a gagné qu'une aliénation plus subtile par l'entremise d'une liberté toute relative sur le choix de

---

36. À celles et ceux, laquais du pouvoir ou simples idiots du village, qui voudraient *simplifier* le Code du travail, je leur conseille donc de commencer par en expurger tout lien de subordination juridique permanente.

37. Du latin *servus* (esclave), défini par la *Convention supplémentaire relative à l'abolition de l'esclavage* de l'ONU comme la « condition de quiconque est tenu par la loi, la coutume ou un accord, de vivre et de travailler sur une terre appartenant à une autre personne et de fournir à cette autre personne, contre rémunération ou gratuitement, certains services déterminés, sans pouvoir changer sa condition ».

son maître, de son habitation, de ses repas et loisirs, tout cela auparavant à la charge du maître[38]…

Entendons-nous bien : je ne fais pas ici un discours démagogique « tous les patrons sont des pourris ». J'essaie simplement d'expliquer que le problème ne réside pas dans l'attitude morale, la bonté ou non, des patrons. C'est un problème systémique et souterrain qui, s'il n'est pas réglé, préexistera toujours à une tension entre catégories sociales[39].

Au vu de cela, les excuses habituelles selon lesquelles « quand on veut on peut »[40], « regardez telle personne a réussi en partant de zéro » ou « il suffit de se penser comme son propre patron » sonnent creuses. L'existence d'affranchis ne suffit pas à justifier l'esclavage. Sans compter que cette population d'affranchis reste au mieux marginale.

En tant qu'il m'est odieux de voir mon destin vital suspendu à la volonté d'un autre, et qu'aucune alternative viable ne semble pour le moment exister[41], que faire ? Choisir cyniquement d'avaler la pilule, comme Daria :

38. Que l'on ne vienne pas me dire que ce quart des SDF dormant dans leur voiture ou à la rue malgré un emploi est une condition préférable au servage logé et nourri (*Insee Première*, numéro 1494). Avoir un emploi ne garantit plus un logement.

39. D'aucuns écriraient ici « lutte des classes ».

40. Et derrière, tout le discours sur le mérite que l'on retrouve fréquemment dans la bouche de filles et de fils d'industriels sortant de l'ENA.

41. Selon le numéro 1414 de *Insee Première*, 90 % des micro-entreprises dégagent un revenu inférieur au Smic au bout de trois ans. S'il m'était moins odieux de gouverner, il faudrait alors savoir que seules 50 % des entreprises dépassent la barre symbolique des cinq ans d'existence… (enquête Sine menée par l'Insee en 2013, *Insee Première* numéro 1441)

« Mon but est de me réveiller à quarante ans pour m'apercevoir avec amertume que j'ai gâché ma vie dans un boulot que je déteste parce que j'ai été forcée de choisir une carrière quand j'étais jeune et innocente »[42].

70

Robotisation, impression 3D, *big data*, numérisation... Toute cette automatisation du travail se fait de concert, et amorce une disparition de l'emploi. Or, cette automatisation est amenée par le Capital : il s'agit d'innovations plus rentables. Le Capital n'a aucun remords à remplacer sa force de travail humaine par une force de travail robotique et numérique. Il a même tout à y gagner : éviction du rapport de forces, coûts moindres, compétitivité égale entre différents secteurs[43]... C'est un paradis du capitalisme, celui-ci disposant enfin d'une « main d'œuvre » qui travaille vingt-quatre heures sur vingt-quatre et sept jours sur sept, sans rechigner à la tâche, sans les aléas liés à la vie humaine que sont les maladies, les congés parentaux, le syndicalisme. Mais *surtout*, le capitaliste n'a plus besoin de partager la plus-value avec la force de travail. Avoir une force de travail comme outil de production intégralement possédé, c'est le rêve mouillé de bien des employeurs.

---

42. Daria Morgendorffer, *Daria*, saison 2, épisode 8.

43. On pense ici au problème de la main d'œuvre qualifiée et à sa rémunération. Tant qu'un pays n'a pas une main d'œuvre qualifiée à un prix intéressant, il n'est pas compétitif. Si le prix devient trop élevé, il sera plus avantageux d'aller chercher la main d'œuvre ailleurs. C'est la situation des délocalisations, qui deviennent obsolètes dès lors que l'on supprime la main d'œuvre de l'équation.

Mais c'est également le rêve des employés, et ce depuis longtemps. C'est tout le propos de Paul Lafargue dans son *Droit à la paresse*[44]. Finis les boulots à la chaîne qui détruisent les corps et brisent les âmes. Finies les longues nuits à conduire des camions sur l'autoroute avec pour seul horizon l'aire de repos. Finis les travaux de pigistes sans reconnaissance, payés au lance-pierre. En bref, c'est la disparition de l'emploi qui n'apporte pas d'épanouissement, c'est la fin du travail comme aliénation.

Dans une société ayant posé le travail comme valeur, et établi le chômage structuré comme seule alternative, on voit poindre les problèmes. En réalité, cette disparition de l'emploi a déjà débuté, cela fait plus de vingt ans que l'on en voit les symptômes. La polarisation des salariés contre le progrès, voyant dans la machine l'ennemie qui les vole leur raison d'être est à mon sens parfaitement justifiée dans notre société actuelle qui les condamne au chômage. Mais c'est une pétition des fabricants de chandelles, et la cible des affects ne devrait pas être l'automatisation, mais tous

---

44. « Aristote prévoyait que "si chaque outil pouvait exécuter sans sommation, ou bien de lui-même, sa fonction propre, comme les chefs-d'œuvre de Dédale se mouvaient d'eux-mêmes, ou comme les trépieds de Vulcain se mettaient spontanément à leur travail sacré ; si, par exemple, les navettes des tisserands tissaient d'elles-mêmes, le chef d'atelier n'aurait plus besoin d'aides, ni le maître d'esclaves." Le rêve d'Aristote est notre réalité. Nos machines au souffle de feu, aux membres d'acier, infatigables, à la fécondité merveilleuse, inépuisable, accomplissent docilement d'elles-mêmes leur travail sacré ; et cependant le génie des grands philosophes du capitalisme reste dominé par le préjugé du salariat, le pire des esclavages. Ils ne comprennent pas encore que la machine est le rédempteur de l'humanité […] » (Paul Lafargue, *Le Droit à la paresse*)

ceux qui permettent la structuration du chômage : politiques comme entrepreneurs libéraux qui refusent un paradigme différent, un modèle de société où ne pas avoir d'emploi ne serait pas autant synonyme d'échec et de réduction à la survie.

Un autre problème est déjà apparu lors des crises pétrolières mettant fin au plein emploi dans les années 1970. Comme le synthétise le sociologue Philippe Robert dans le documentaire *Braves gens n'ayez plus peur* : « Tant que le marché du travail était porteur et avalait tout le monde, on voyait bien qu'il y avait une fraction de la jeunesse prolétaire qui prenait des raccourcis pour accéder à la consommation de masse[45]. Mais, à vrai dire, on ne s'en inquiétait pas beaucoup parce qu'on connaissait le remède : il suffisait de les ramener vers le marché du travail, et à ce moment-là ils avaient un contrat à durée indéterminée, un statut, ils pouvaient louer un appartement, acheter une voiture à tempérament, se marier et c'était fini. Autrement dit, c'était un problème temporaire de socialisation d'une fraction de la jeunesse. Ce n'était pas très affolant. À partir du milieu des années 1970, changement radical. Les non spécialisés ont de plus en plus de mal à entrer dans le marché du travail, en tout cas dans ce qu'on appelle le premier marché du travail, c'est-à-dire celui à statut. Ils ont accès au mieux au deuxième marché du travail, le marché du travail précaire dont les vertus socialisantes ne sont pas évidentes. Ça devient de plus en plus angoissant, parce que on ne voit plus bien quel est le remède. Il s'agit là de per-

45. Philippe Robert fait ici référence à la délinquance, aux vols notamment.

suader des gens qui ont de bonnes raisons de penser qu'ils sont hors-jeu qu'il faut quand même qu'ils respectent les règles du jeu. » Or, de nos jours, la société n'a toujours pas trouvé de réponse satisfaisante, elle se contente de durcir la réponse pénale en donnant les moyens de répression de cette population aux forces de normalisation que sont les personnels de maintien de l'ordre[46]. Tout au mieux voit-on fleurir ces dernières années des offres de formation, dans l'espoir d'enrayer ce manque d'accès à l'emploi qualifié. On ne semble pas comprendre qu'il n'y a plus de travail[47], et les politiques restent persuadés qu'en allongeant la durée légale de travail et en assouplissant les modalités de licenciement, les entreprises embaucheront plus[48]. Ils ont délégué au pouvoir économique, qui a des intérêts évidents à l'automatisation et au chômage qui s'ensuit, la ré-

46. Voir à ce sujet l'incontournable Michel Foucault.

47. Avec 3,5 millions de demandeurs d'emploi de catégorie A (donc sans aucun emploi, même précaire par ailleurs) pour 400 000 offres d'emploi publiées, j'attends de pied ferme le ou la première à m'affirmer le contraire. On pourra toujours me répondre que les offres de Pôle emploi ne représenteraient qu'une partie des offres à pourvoir, mais même les estimations hautes ne dépassent pas les 2 millions : nous sommes loin du compte pour la catégorie A, et encore plus si l'on pense à l'ensemble des chômeurs. Et ne rêvons pas, le CDI n'est plus la norme, la précarisation de l'emploi est un fait.

48. L'aide à domicile est le secteur qui a le plus de difficultés à recruter, et pourtant c'est aussi le moins bien rémunéré. Croyez-vous réellement qu'en facilitant les licenciements et la durée de travail vous rendrez ce secteur attractif ? Il est proprement hallucinant de voir des libéraux convaincus du bien-fondé de la concurrence ne pas comprendre les règles les plus élémentaires du marché que sont l'offre et la demande.

solution de ce dernier. C'est tout de même sidérant quand on y pense !

Ces problèmes ne peuvent se régler à l'intérieur du cadre dessiné jusqu'alors. Il est nécessaire de changer de modèle de société. Or, porter de nouveaux modèles, c'est précisément le rôle du politique ; on semble l'oublier. Malheureusement, l'exemple des présidentielles de 2017 montre que ce n'est pas près de changer[49]. Bernard Stiegler, dans une conférence au théâtre du Rond Point, expliquait qu'en tant que l'intermittence sera la norme d'une société du travail automatisé, il fallait dès aujourd'hui se servir du statut des intermittents pour forcer le politique à s'interroger sur ce terrain. Cela reste à construire.

71

Lorsque le revenu de base a fait irruption dans le débat politique électoral, il s'est heurté à deux objections, réaction d'un capitalisme dont on remet en question les fondamentaux[50]. La première : ce revenu de base est ir-

---

49. Notons tout de même qu'un tiers des 18 – 24 ans a voté pour le candidat de la France insoumise. Bien que ce soit Benoit Hamon qui ait le plus mis en avant cette question de l'automatisation, il n'était pas porteur d'un projet de société radicalement nouveau. Le succès de Jean-Luc Mélenchon auprès de la jeunesse donne un petit espoir pour l'avenir, mais soyons assuré que le pouvoir ne se laissera pas déposséder sans combattre, et il ne m'étonnerait pas que cette jeunesse finisse comme ses parents par courber l'échine.

50. Bien que partisan d'une certaine vision du salaire à vie, je ne vais traiter ici que du seul revenu de base. La première objection ne peut être érigée contre le salaire à vie, la seconde reste un sujet débattu même des adeptes de Bernard Friot.

réalisable, puisque infinançable. Au-delà du bien-fondé somme toute bien relatif de cette objection, on peut remarquer qu'à une vision alternative et donc teintée d'un idéal de société on répond désormais par une simple question de gestion économique. C'est irréalisable parce que cela supposerait une autre société, or nous vivons dans le seul monde possible, selon l'unique modèle économique pensable, donc c'est un doux rêve que de le penser. À l'idéologie répond l'économie, deux niveaux pourtant distincts mais que l'on a appris à confondre.

La seconde objection est plus intéressante. Avec un revenu de base universel, comment forcer les individus à travailler ? C'est ce que Frédéric Lordon appelle la « question du hamac ». Remarquons tout d'abord que cette objection présuppose que sans moyen de coercition les gens préféreraient ne pas travailler (donc rejoint l'analyse marxienne du travail comme aliénation), alors même que l'on retrouve cette réaction dans la bouche de libéraux pour qui « le travail c'est l'émancipation »[51]. Nous ne sommes plus à une contradiction près. Or, ce moyen de coercition est offert par le capitalisme sous forme d'une remise en cause de la survie matérielle même de l'individu. Sans travail pas d'argent, sans argent pas de survie. Comme le but double du revenu de base est d'éclairer cette condition et d'y remédier, il n'est pas étonnant que les plus ardents défenseurs du libéralisme y voient une menace.

51. Emmanuel Macron. « Le travail c'est la liberté » : Nicolas Sarkozy. « Le travail rend libre » : camps de concentration nazis et usines de fabrication de Zyklon B… Le point Godwin est assumé.

La réponse la plus généralement formulée à cette objection est celle qui consiste à baisser le revenu de base si drastiquement qu'il peinera à remplir son office de moyen de subsistance alternatif. C'est d'une part couper les ailes à un projet de société jusqu'à le rendre inoffensif, et d'autre part ne surtout pas sortir du cadre établi « sans travail pas d'argent, sans argent pas de survie ».

Une autre réponse, celle de Lordon, remet en cause le besoin du coercitif. Les hommes ont des désirs de faire presque métaphysiques, que l'on pourrait rapprocher du mode fini humain de Spinoza où les individus ont des désirs de s'activer, d'actualiser leur puissance. En bref, telle la société futuriste de *Star Trek* où l'argent n'est plus, les individus travaillent pour eux-mêmes et pour l'espèce dans son ensemble. Il s'agit ici de casser la première partie du cadre : le travail n'est plus synonyme d'argent mais d'accomplissement de soi. Le revenu de base n'est alors pas dépourvu de sa charge sociale, il permet de réviser notre modèle de société. Reste, comme le note Lordon, « le problème des éboueurs » : sans coercition, comment assurer les tâches les plus ingrates mais nécessaires[52] ?

On pourrait imaginer casser la seconde partie du cadre en ne faisant plus dépendre la survie de l'économique. Ce sont alors des projets de gratuité des transports, la possibi-

52. Bernard Friot propose que la coercition soit transférée à des instances de qualification : la société décide démocratiquement que ces tâches ingrates soient mieux valorisées, que le salaire versé soit plus important. D'autres débattent sur la nécessité d'établir des « tours de garde » : chacun devra s'astreindre à faire une ou deux fois dans l'année le ramassage des poubelles, ce qui permettrait de prendre conscience des différentes problématiques liées à ces tâches.

lité de logements sans frais, des bons alimentaires… Mais le problème des tâches ingrates resterait inchangé, et donc le besoin de coercition. On voit que la problématique de forcer les individus à travailler est centrale. Si certains proposent une coercition plus douce que d'autres, à chaque fois il est question d'imposer la société à l'individu. En opposition à cette pression extérieure, peut-on trouver un désir interne, ou tout du moins une pression de l'individu sur lui-même ?

En partant du principe d'équité selon lequel les individus qui ne sont pas en mesure de travailler sont pris en charge par la société de manière inconditionnelle, on pourrait tenter d'exploser le cadre en décorrélant travail et argent dans le même temps que l'on supprime le rapport argent et survie. Une société où les services rendus aux individus sont le fait même des individus pour eux-mêmes et pour les autres, est-ce viable ? Établissons pour l'exemple une base de gratuité de l'alimentaire, des transports, du logement… Voilà déjà la seconde partie qui saute. Prenons maintenant que les besoins des individus sont produits par les individus ; que par exemple pour acquérir une télévision il faille travailler un temps dans une manufacture de téléviseurs, que pour bénéficier d'un abonnement téléphonique il faille aider à poser des câbles ou servir de support après-vente… Voici la première partie qui explose : la force de travail n'est plus achetée, elle est mise au service des intérêts individuels et collectifs. La pression extérieure devient pression ou désir de l'individu. Certains avantages paraissent évidents : fin de l'obsolescence programmée puisque tout le monde a intérêt à ce que les biens durent le plus longtemps possible, production collant au plus près des besoins puisque n'est produit que ce qui est suffisamment attractif pour susciter l'envie de le produire, disparition de ces métiers sans but ni fondement, déchirement du voile d'ignorance en ce que chacun fait l'expérience de l'autre, fin de la société de consommation… En tenant compte du fait que chacun peut alors avoir une activité principale comme but de soi – accomplissement –, tout en travaillant un temps qu'il juge raisonnable à l'acquisition de ses envies, on peut émettre plusieurs critiques. Il faudrait notamment repenser le politique en tant que collectif pour contrebalancer l'aspect individualiste extrémiste de cette société, mais également réfléchir à la place des spécialistes : si l'on peut concevoir que certains métiers sont accessibles moyennant quelques jours de formation, qu'en serait-il des autres qui demandent plusieurs années de dévotion, comme les médecins, pilotes de ligne ou ingénieurs ?

En bref, je ne sais que penser de cette utopie de l'*homo œconomicus* calculant de lui-même les bénéfices à tirer d'un temps de vie, se forçant lui-même à travailler comme propre patron de son existence. Elle semble toutefois montrer que la coercition inhérente au travail ne peut être dépassée qu'en sortant du cadre établi par le capitalisme : « sans travail pas d'argent, sans argent pas de survie ».

72

Je ne comprends pas la résilience de la société française. Je veux dire… Depuis les grèves de 1947 – 1948, on savait que la gauche socialiste était traîtresse à la cause ouvrière. C'est Jules Moch (ministre de l'Intérieur SFIO) qui lance les CRS, l'armée et les forces militaires du contre-espionnage à l'assaut des grévistes de Saint-Étienne. Pourtant, tout le monde semble oublier. Lorsque vingt ans plus tard, l'ancien directeur de la banque Rothschild, Georges Pompidou, tout droit sorti du « parti de cadres » qu'était l'UNR[53], déclare la guerre au protectionnisme, il fait du libéralisme la valeur étalon de la France pour les années à venir[54]. À cette époque certains semblent souhaiter que la gauche revienne au pouvoir, et cette excuse selon laquelle le PS (fraîchement né des cendres de la SFIO) n'a jamais gouverné teinte l'avenir d'un espoir bien étrange pour l'observateur avisé.

Parce que les stratagèmes de la gauche de gouvernement dès 1981 sont bien connus comme mettant à mort « la gauche, la vraie ». Le fait que François Mitterrand s'affiche, sur la photographie officielle, Montaigne à la main aurait déjà dû mettre la puce à l'oreille. Entre deux mesures draconiennes visant à réduire l'immigration, on négocie avec Yvon Gattaz[55], on laisse le soin à Pierre Beregovoy de lutter contre le chômage en réduisant les alloca-

---

53. Toute ressemblance avec une personnalité politique contemporaine dont les initiales sont E. M. est purement fortuite.

54. « Nous vivrons et l'économie française et les industriels et les commerçants français doivent vivre, désormais, dans la préoccupation permanente. Il s'agit de se dire qu'ils sont toujours menacés par la concurrence, qu'il faut toujours qu'ils fassent mieux, qu'il faut toujours qu'ils produisent à meilleur compte, qu'ils vendent la meilleur marchandise à meilleur prix et que c'est ça la loi de la concurrence et la seule raison d'être du libéralisme. » (Georges Pompidou, juin 1967)

55. Oui, le père de Pierre Gattaz, à la tête du CNPF qui deviendra l'actuel Medef…

tions… En 1983, alors que les luttes ouvrières dans le secteur automobile fleurissent, le ministre de l'Intérieur Gaston Defferre joue sur les terres de l'extrême droite en affirmant que les grévistes sont des « intégristes chiites ». Il est rapidement rejoint par Jean Auroux qui parle de « données religieuses et intégristes dans les conflits », et le Premier ministre de qualifier ces mouvements sociaux de « grève des ayatollahs »[56]. Alors responsable de la montée du racisme, et par conséquent de l'extrême droite, le gouvernement réussit le tour de force de récupérer à son compte le tout jeune mouvement antiracisme en créant le *Touche pas à mon pote* de SOS Racisme comme on lance une campagne marketing ! À la grève de la RATP de 1988 – 1989, le gouvernement répond par l'utilisation de camions militaires en tant que navettes. Et, signe de la résilience sans faille du peuple, c'est dès 1989 avec Lionel Jospin, alors ministre de l'Éducation nationale, qu'apparaît la problématique du port du voile[57].

On peut trouver toutes sortes d'excuses au retournement libéral du Parti socialiste de l'époque. Quand l'un pointe du doigt la Fondation Saint-Simon, l'autre injurie le trop-à-droite Pierre Mauroy, quand le dernier accuse la « rigueur économique » de Jacques Attali. Le propos n'est pas là : il s'agit de montrer que des stratégies politiques nauséabondes existent depuis bien avant notre naissance.

---

56. Quand, en janvier 2017, certains annoncent que la fermeture de PSA à Aulnay-sous-Bois est liée à « l'omniprésence religieuse », on voit que le stratagème a fait son chemin.

57. Problématique qui n'a cessé d'enfler depuis la « circulaire Bayrou » de 1994.

Pourtant, la génération de nos parents, et celle de nos grands-parents, n'ont en majorité rien fait. Pire, quand nous leur pointons ces mêmes stratégies utilisées de manière similaire de nos jours, en sachant très pertinemment qu'avec le recul elles paraissent bien grosses, ces générations se taisent ou nous répondent d'un ton sec : « vous verrez quand vous aurez notre âge »[58]. Ces générations semblent avoir capitulé, et ne comprennent pas que cela fait déjà plus de trente-cinq ans que le Grand Soir qu'elles appellent de leurs vœux aurait dû se produire. Certes, il y eut 1995, mais ce n'était pas suffisant.

Mais alors, la question qui se pose est la suivante : s'ils étaient révoltés à l'époque, pourquoi avoir lâché les armes ? Les facteurs de leur reddition sont-ils applicables à nous, de nos jours ? Puisque l'on constate que les mêmes procédés sont répétés avec les mêmes effets d'indolence générale, c'est bien que le pouvoir pense sincèrement être en mesure de nous faire courber l'échine. N'est-ce pas cela le plus inquiétant ?

---

58. En toute franchise, j'aimerais pouvoir dire à ton âge que j'ai participé à changer les choses. Et je commencerai déjà par ne pas faire d'enfant tant que ce n'est pas réglé. Il n'y a aucune excuse à notre mise au monde, aucune excuse autre que l'égoïsme de nos classes pauvres, puisque justement nous faisons face aux mêmes problèmes rencontrés il y a déjà trente-cinq ans. À tel point, d'ailleurs, que Coluche comme Desproges paraissent nos contemporains, ce qui est effrayant à plus d'un titre.

73

Habituellement je reste emmuré dans ma bulle, parce que c'est ce qu'il y a de mieux à faire. L'incompréhension me tuerait. Mais aujourd'hui, le poison insinué chaque jour par l'écrasante majorité de mes contemporains a atteint un centre névralgique. Je dois être fatigué de me remettre en question à chaque fois qu'une goutte déborde. Après tout, ce devait être moi qui déconnais, pas mes proches, non ?

Bref.

Aujourd'hui, j'en ai marre que des gens dont les seules sources d'information sont Europe 1, BFMTV et le journal de TF1 accourent à la rescousse des gentils CRS qui matraquent les méchants anarchistes. D'ailleurs ces anarchistes doivent être méchant, puisqu'ils portent des cagoules, n'est-ce pas ? Ils ne sont surtout pas cagoulés parce que c'est la seule protection contre les gaz lacrymogènes que leur offrent en toute sympathie les gentils CRS. Ils ne sont surtout pas cagoulés parce que les mouvements Occupy, et les émeutes de Londres, ont montré l'utilisation des outils de Palantir pour prévenir, surveiller et punir des manifestants pacifiques. Ils ne sont surtout pas cagoulés parce que l'état d'urgence s'est déjà attaqué à des militants écologistes tout ce qu'il y a de plus inoffensif. Non, ils doivent être cagoulés parce que ce sont des casseurs.

Ce qui me met hors de moi, c'est surtout que le discours pro-policier soit tenu par des gens que je respecte par ailleurs, qui se réclament pourtant d'une gauche plus radicale, et qui reconnaissent à côté l'extrémisme des forces de répression. Comprenons-nous bien : je ne fais pas l'apologie d'une violence à coups de cocktails Molotov, je suis pacifiste. Mais je voudrais que l'on compte les points de manière plus équitable.

Quand on met le feu à une voiture de police, le monde est outré.

Quand les policiers chargent une manifestation pacifique, le monde se tait.

Quand on balance un pavé sur un CRS, le monde est en colère.

Quand les casques noirs matraquent et blessent trois ou quatre fois plus, le monde ne pipe mot.

Quand un policier est tué, le monde proclame une journée de commémoration.

Quand un civil est tué par des policiers, le monde reste silencieux.

Quand on suppose les raisons des agissements violents, le monde pointe du doigt le chaos.

Quand on a des preuves de manipulation conduisant à ces agissements, le monde regarde le doigt.

Quand un jeune manque de respect à l'uniforme, le monde crie à la radicalisation.

Quand l'uniforme viole un jeune, le monde tergiverse pour savoir si une déchirure anale de 10 cm est une blessure involontaire.

Quand les policiers manifestent, le monde comprend qu'il y a un « sentiment antiflic ».

Quand salariés et fonctionnaires manifestent, le monde estime qu'il s'agit d'une prise d'otage.

Alors j'en ai marre. Je rends mon tablier. Allez tous bien vous faire foutre. Il ne s'agit pas de faire barrage à Marine Le Pen, avec toutes les horreurs du fascisme. La bête immonde est déjà là, et vous l'acclamez. Vous avez courbé l'échine quand Pompidou établissait le libéralisme-roi, vous avez courbé l'échine quand la gauche de gouvernement Mitterrand cassait les grèves à coups de convois militaires et attisait le racisme pour éviter d'avoir à expliquer autrement des mouvements sociaux, vous avez courbé l'échine quand la droite, puis le PS ont réutilisé les mêmes stratagèmes nauséeux en pointant du doigt l'étranger, et maintenant vous courbez l'échine en applaudissant le courage de stratégies militaires et politiques dignes de Thiers.

Mais bon, ce coup de gueule sera sans doute mal interprété, et au mieux on me traitera d'idéaliste, alors ne vous inquiétez pas : dès demain je ferai comme vous, je « douterai de tout, sauf de la nécessité de me trouver du côté de celui qui a le pognon »[59].

74

« Il faut faire ces changements, c'est nécessaire. Que le peuple exprime son mécontentement, qu'il soit contre ces réformes ou qu'il les approuve est secondaire. Il faut mener ces réformes à leur terme, et je salue le courage de

59. « Arthur : Pour faire simple : on peut douter de tout sauf de la nécessité de se trouver du côté des opprimés. […] Si vous tombez sur trois mecs qui tapent sur un seul, vous êtes toujours du côté de celui qui est tout seul, peu importe ce qu'il a fait.
Yvain : Ah bon ! C'est marrant parce que mon père il a une phrase presque pareil : "On peut douter de tout sauf de la nécessité de se trouver du côté de celui qui a le pognon". » (dialogue d'Alexandre et Simon Astier, *Kaamelott*, Livre III, épisode 86 : *La Chevalerie*, écrit par Alexandre Astier)

nos politiques qui ont compris que l'on n'est pas en ochlocratie.

— Dans ce cas, expliquez-nous pourquoi ces changements sont nécessaires.

— Très bien, nous ferons un exercice de pédagogie.

— Si à l'issue de celui-ci, vous imposez au peuple, c'est que vous croyez savoir mieux que lui ce qu'il en va de l'intérêt général des individus qui le composent. Mais, permettez-moi cette question : dans ce cas, pourquoi lui laisser le droit de vote ? Après tout, s'il ne comprend pas quel est son intérêt général, alors il ne devrait pas être en mesure de faire un choix éclairé lorsqu'il s'agit d'élever des citoyens. »

75

Je viens d'apprendre que si une multinationale investit dans un pays, elle est en droit d'attaquer en justice le pays en question si celui-ci passe une loi mettant en péril la rentabilité future et attendue de cet investissement. C'est tout le point sensible des différents traités entre les États-Unis et l'Union européenne, mais cette législation existe déjà pour l'Accord de libre-échange nord-américain (Alena), entre les États membres de l'Union, et l'UE est en mesure d'en imposer une à la Chine.

Le glissement de la Loi comme garante de l'intérêt général vers les intérêts particuliers de *personnes morales* ravive sans conteste les souvenirs de dystopies cyberpunk où les États ne sont plus que des coquilles vides au service de grandes corporations. Ce ne serait pas étonnant, à l'heure où le chiffre d'affaires de grands groupes dépasse le produit intérieur brut de plusieurs pays combinés[60]. Cela pose une menace pour la démocratie puisque, au-delà de ce glissement, se creuse le fossé entre modèle de société dite démocratique – un homme, une voix – et fonctionnement d'entreprise capitaliste antidémocratique par nature – où le salarié n'a pas de voix.

Dès lors il serait bon pour l'anarchisme de suivre les conseils de Noam Chomsky, admirablement résumés par Jean Bricmont : l'État est une cage, certes, mais au-delà de la cage il y a les lions que sont les multinationales. Si l'on veut pouvoir se passer de la cage, il faut commencer par l'agrandir de sorte que les lions ne soient plus un danger.

76

Marketing. Dans les années 1970 – 1980, on assistait encore à des publicités vantant les qualités et avantages techniques des produits présentés. Ce n'est plus le cas aujourd'hui, ou bien de façon marginale. Nous sommes passés du rationnel à l'émotionnel : les avantages ne sont plus montrés et mentionnés, mais suggérés.

On pourrait y voir une continuité de l'effet Barnum, ce biais cognitif selon lequel toute description vague sera appropriée par l'individu comme se référant à lui spécifiquement. Mais au-delà, ce qui est important de nos jours

---

60. Le classement 2016 donne Walmart comme première entreprise mondiale avec un chiffre d'affaires de 482 milliards de dollars, la plaçant en vingt-cinquième position avant la Pologne et la Belgique s'il s'agissait d'un pays. Dit autrement, une seule entreprise est plus puissante économiquement que 79 pays combinés (sur un total de 196).

n'est même plus le produit, c'est la marque ; d'où l'importance du petit motif sonore apposé en fin de spot publicitaire. Le fait de marquer[61] est devenu émotionnel, et donc inconscient. Or, les marques tendent à occuper la place laissée vacante par les religions dans le cerveau, d'après le spécialiste en neuro-marketing Martin Lindstorm. En rendant la marque émotionnelle et inconsciente, le marketing la rend plus insidieuse et imperméable à la raison. Elle est jugement de goût, donc irréfutable.

D'où un positionnement depuis trente ou quarante ans en France des personnalités politiques comme produits. Comme le notait le vidéaste politique Usul, si les vidéos de campagne de Donald Trump ressemblent à des publicités pour de la lessive, celles d'Hillary Clinton font penser à des assurances[62]. De sorte que l'on n'élit plus des candidats sur leur programme[63], mais sur des qualités sug-

---

61. « Marquer au fer rouge », puisque le terme de marque vient de l'anglais *brand*, qui signifie justement cela : marquer le bétail.

62. La lessive, lavant « plus blanc que blanc », est une réponse à un problème posé : ici les taches, là l'immigration. Les assurances, réconfortantes, donnent au public un espoir en promettant un avenir plus radieux.

63. Un sondage OpinionWay indique qu'Emmanuel Macron n'a recueilli que 55 % d'adhésion directe au premier tour des présidentielles de 2017. Sur cette base d'électeurs, une enquête Ipsos sur les motivations du vote montre qu'il a d'abord été choisi « parce qu'il incarne le changement » (64 %), son programme n'arrivant qu'en seconde position avec 37 %… Le reste est du même acabit : « l'honnêteté » (22 %) et la « stature présidentielle » (20 %) occupent une bonne part. Aujourd'hui, plus de 66 % des sondés d'une enquête Vivavoice pour *Libération* pensent que le clivage gauche-droite « n'est plus pertinent et doit être dépassé » : les valeurs politiques n'ont plus d'importance, seul compte désormais *l'élu produit de l'année.*

gérées, voire sur leur jeu d'acteur (la fameuse « stature présidentielle » comme pleine conscience des « deux corps du roi »).

Comme l'écrivait Marshall McLuhan : « la révolution cognitive viendra des changements technologiques qui prolongeront notre enveloppe corporelle ». Les produits sont, de fait, devenus prolongements des corps transférant leurs attributs aux propriétaires : smartphones, vêtements ou voitures, débarrassés du jugement raisonné, ne sont plus choisis selon leur valeur d'usage mais à l'aune de leur valeur sociale. Le cas de la voiture est parlant : de moyen de transport, elle est devenue caractère sexuel secondaire. Le marketing nous le montre : une belle voiture est à l'homme ce qu'une belle poitrine est à la femme ; elle est extension du corps masculin tout en étant, narcissiquement, fantasme de la femme objectifiée[64]. Voyant nos produits comme des prolongements du corps, il n'est pas étonnant d'observer s'opérer le renversement poussé par l'exemple du politique : notre corps est devenu, de fait, un prolongement des produits, autrement dit un produit en lui-même.

On comprend alors en quoi la construction de mythes modernes au sens de Barthes, doublée d'exemples omniprésents d'humain-produits[65], font que les êtres humains

64. La grande majorité des publicités de voiture s'adressent à des hommes, et une part importante met l'accent sur la sexualité suggérée. Comme le dit si bien Audi : « Il a la voiture, il aura la femme. » Voir à ce propos la vidéo *Mythologie publicitaire de la voiture* de Horizon Gull.

65. La politique et le journalisme ont cela en commun avec le sport et l'industrie du divertissement d'avoir mis en place un Merca-

se considèrent de plus en plus comme des marques ou des biens que l'on peut vendre et échanger. L'humain cesse de se revendiquer comme entité spirituelle, et cela m'inquiète au plus haut point.

D'où l'émergence de la société du spectacle où le produit humain tombe dans le paraître constant, copiant le marketing. La condition technique d'apparition du *selfie*[66] était un appareil photo constamment à portée de main – le smartphone. Sa condition sociale était une société de l'apparence où le produit doit savoir se vendre, et celle-ci se réalise.

On pourrait me rétorquer le vieil adage « l'habit ne fait pas le moine » ou « la bouteille ne fait pas la bière ». En somme, l'apparence importerait moins que les qualités intrinsèques[67]. Mais c'est oublier le rôle de l'uniforme dans

---

to où l'être humain n'est qu'un produit interchangeable, suffisamment flexible pour passer ici d'une rédaction à l'autre, là d'un film à une série, et ici encore de choisir un parti ou un autre au sortir de l'ENA en se fondant non sur des convictions mais sur un plan de carrière. Quand une femme ou un homme politique, une fois son mandat terminé, se retrouve débauché à la tête d'une importante entreprise, comme ce fut le cas plusieurs fois en France, c'est bien que l'entreprise considère la personne comme produit dont elle achète la représentation, le réseau et les connaissances. C'est d'ailleurs la base même du capitalisme, constamment rappelée aux demandeurs d'emploi : il faut savoir *se vendre*, être *porteur de projet* monnayable par l'entreprise.

66. Nous prenons ici l'exemple du *selfie* comme épiphénomène, mais nous aurions tout aussi bien pu parler des relations sentimentales et des sites de rencontres. Cela aurait été un poil plus long, puisque le sujet est plus vaste et intriqué.

67. Voilà un point de divergence avec certains de mes amis : le costume et l'habillement ne sont pour moi qu'apparat, déguisement pour la place sociale. S'il m'arrive d'accrocher une cravate à ma chemise,

l'entreprise, pour les tâches où il est illégitime. Quel rôle peut avoir un costume à la cravate assortie pour un emploi de bureau, donc sans contact avec le client ? Il s'agit d'un formidable outil de normalisation pour le capitalisme désireux de gommer toute diversité, donc d'avoir des produits similaires répudiables à merci. La folie de l'uniforme dans l'entreprise, allant jusqu'à l'interdiction de bijoux ou de coupes de cheveux, impose aux produits de changer : le corps est désormais à la disposition de l'employeur[68], la personnalité est soumise à la docilité[69], l'apparence calibrée à l'image que veut se donner non plus l'individu mais la société qu'il sert. Si le manque de représentation de personnes de couleur à la télévision est un combat important, c'est bien parce que la représentation de la diversité est cruciale dans l'élaboration d'un regard qui ne soit

---

c'est justement pour me déguiser « comme Robin des Bois lorsqu'il va voler le Shérif », pour reprendre l'expression de François Ruffin.

68. Certaines entreprises imposent des uniformes aux poches absentes, comme pour signifier un manque de confiance envers le salarié jugé potentiellement voleur. On peut par exemple estimer le rang hiérarchique d'un « collaborateur McDonald's » à son nombre de poches. D'autres boutiques de lingerie inscrivent sur le badge les mensurations de leurs employées, les objectifiant de fait. Voir à ce propos les vidéos *L'habit fait le moine* et *La soumission au costume* de Horizon Gull.

69. J'entends ici la *personnalité* au sens éthologique du terme : comme comportement observable à une situation donnée. En généralisant le port d'un uniforme ridicule, une enseigne de vente en grande surface tend à rendre responsable, aux yeux de ses employés, les clients des mauvaises conditions de travail : en devenant décor et dépossédé de son propre nom inscrit sur le badge, le vendeur est pris de haut par le client et n'aura pour seul recours la vente de biens à celui-ci. La condition du vendeur ne pouvant être dépassée qu'en allant dans le sens de l'entreprise, il y a bien docilité du comportement.

pas raciste. Il en est de même pour l'uniforme : gommer la diversité en s'appropriant le corps, c'est empêcher de penser en dehors du cadre de cette appropriation. Il n'est alors pas étonnant de voir reprise en chœur par la politique la rengaine de l'uniforme à l'école ou même du service miliaire…

Alors un capitalisme qui va jusqu'à investir les corps de celles et ceux qui le servent, voilà de quoi montrer l'importance de l'apparence du produit humain. Devant cette somme de biens toujours plus importante, je repense au bateau de Thésée et me demande quand l'espèce humaine cessera d'être.

77

Sous l'impulsion de quelque connaissance à qui on ne refuse rien, je me suis un temps demandé si le produit automobile était une des causes[70] de la baisse du nombre de familles très nombreuses (quatre enfants et plus). Le symbole de la voiture, avec ses trois places arrière accueillant dans les publicités les trois enfants du couple épanoui, conforme-t-il au produit le désir même de reproduction ?

Au cours du dernier siècle, avoir trois enfants ou plus est devenu moins fréquent : si c'était le cas de quatre femmes sur dix dans les années 1950 – 1960, ce taux a baissé à trois femmes sur dix dans les années 1980 – 1990. Or,

70. Et une des causes seulement : il serait stupide d'y voir la cause principale, puisque d'un côté le rôle des moyens de contraception serait effacé, et de l'autre celui du revenu de vie (35 % des couples avec quatre enfants ou plus vivent sous le seuil de pauvreté, d'après le numéro 1531 de *Insee Première*).

la part des femmes ayant eu exactement trois enfants est restée stable : deux sur dix dans les deux cas. Il y a donc bien raréfaction des familles de quatre enfants et plus, qui ne représentent aujourd'hui que 5,3 % des familles.

De son côté, le Comité des Constructeurs Français d'Automobiles (CCFA) estime à 31,8 millions le nombre d'automobiles particulières en France en 2015. Si l'on remarque que le parc automobile stagne entre 1930 et 1960 en dessous de la barre des cinq millions, il explose dès 1960 en augmentant de près de cinq millions tous les huit ans.

Il reste néanmoins une donnée de taille à ajouter à l'équation. La ceinture de sécurité trois points, bien qu'inventée par Volvo en 1959, ne devient obligatoire à l'arrière des voitures qu'en 1990. Puisque c'est elle qui limite, de fait, le nombre de places à cinq, on ne peut pas corréler le symbole véhiculé par la voiture avec la baisse des familles de quatre enfants et plus. Il n'y a pas, dans ce cas, de conformité au produit.

78

Libéralisme. Si l'on suit la conception de Fredric Jameson, le fait est que la production d'objets culturels doit être comprise selon des règles culturelles. L'analyse minutieuse des pratiques culturelles démontre que l'art et la culture sont fondés sur des réalités économiques. Alors pourquoi continuer ce discours sur le mérite, comme si la production était un fait individuel, prenant sa source en l'individu et limité à celui-ci ? Cet individualisme galopant, niant les causes externes, je le nomme *libéralisme.*

Au niveau économique, il est assez étonnant que cette croyance – car ce n'est rien d'autre qu'une croyance, l'histoire nous le prouve – en une autorégulation physiocrate du marché ne soit pas remise en cause par son postulat même. Car si un ordre se crée, que ce soit par des lois naturelles ou par l'entremise d'une « main invisible » divine, c'est bien que l'on admet une détermination du marché par sa liberté même. En d'autres termes, penser un marché libre s'autorégulant, c'est admettre que d'autres facteurs sont à même de le réguler. De même que l'illustre Schopenhauer : « C'est exactement comme si l'eau disait : Je peux m'élever bruyamment en hautes vagues (oui certes, lorsque la mer est agitée par une tempête !) – je peux descendre d'un cours précipité en emportant tout sur mon passage (oui, dans le lit d'un torrent), – je peux tomber en écumant et en bouillonnant (oui, dans une cascade), – je peux m'élever dans l'air, libre comme un rayon (oui, dans une fontaine), – je peux enfin m'évaporer et disparaître (oui, à 100 degrés de chaleur) [...]. L'eau ne peut se transformer ainsi que lorsque des causes déterminantes l'amènent à l'un ou à l'autre de ces états [...]. »[71] Si le marché est libre comme l'eau, il peut être mis en bouteille ou bridé en barrage. Et pourtant, même l'ordolibéralisme se borne à n'établir qu'un cadre dans lequel le jeu de la concurrence est libre : c'est le rôle de l'État de bâtir l'aquarium où tous, requins comme guppys, nageront sans intervention. Peu importe qu'à la base du contrat so-

71. Schopenhauer, *Essai sur le libre arbitre.*

cial se trouve justement un État jurant de protéger le guppy contre le requin en assurant de manière égale aux deux « paix et sécurité ».

Alors il n'est pas surprenant de constater une grogne contre un néolibéralisme venant placer le marché comme tiers extérieur au contrat social mais bénéficiaire de celui-ci. Foucault présente le néolibéralisme comme le gouvernement étendant l'empire du marché à l'ensemble des individus, mais même si l'on conteste cette définition il faut se rendre à l'évidence : nous sommes arrivés au point où, en France et dans le monde, la politique sert l'intérêt d'investisseurs plutôt que celui pourtant plus général et légitime de ses citoyens ! C'est, comme le note Frédéric Lordon, « l'éviction du corps souverain par le tiers intrus du groupe des investisseurs institutionnels »[72].

72. « Tout le travail de la critique sociale et politique est de faire saillir à nouveau ces enjeux de la violence intrinsèque aux rapports sociaux du capitalisme et de montrer qui est de quel côté de ce rapport violent. […] Ce qui est une violence, c'est ce qui se commet, en ce moment, sur le dos des peuples, au nom des créanciers internationaux avec l'aide des gouvernements qui sont supposés servir les intérêts du peuple. Pour moi, c'est le phénomène le plus stupéfiant de la période actuelle […] qui est ce phénomène d'intrusion d'un tiers dans le contrat social national. Il y a un tiers, qui est ce groupe informe des créanciers internationaux (qui ne sont pas qu'internationaux, il y a aussi des créanciers nationaux dedans : les fortunes nationales qui souscrivent à la dette publique). Ce groupe informe des investisseurs s'introduit dans le contrat social en force puisque l'on est, d'une certaine manière, fondé à dire que les politiques publiques sont faites d'après les réquisits des investisseurs institutionnels et non plus au service de la population qui est, supposément, l'ayant droit principal – non pas principal, *exclusif* – de la politique d'un État souverain. » (Frédéric Lordon, entretien avec le journal *Fakir* paru le 15 mai 2013)

On ne peut pas dire que nous n'avions pas été prévenus, ce n'est pas une surprise. Cela fait plus de trente ans que sont invités sur les chaînes de télévision, à la radio et dans la presse écrite les mêmes experts économiques qui glorifient le néolibéralisme. C'est la *doxa* politique depuis bien avant ma naissance, et le système médiatique glose dans un entre-soi aux allures de débat, au point que Bourdieu se tenait scrupuleusement à l'écart de toute émission de télévision. Ne sont abordés comme thèmes que ceux qui s'inscrivent dans les deux principaux axes du programme libéral : que le marché est formidable, et que ce serait une nouveauté de moderniser la société. Ainsi s'est dessiné tout ce temps ce cadre où les réformes politiques sont « difficiles mais nécessaires » pour moderniser le pays, tout opposant étant taxé d'arriérisme. Comme le corps social montrait tout de même une certaine résistance, il fallait l'éduquer, faire preuve de *pédagogie*[73] : après tout, s'il était contre des changements, c'est qu'il devait ne pas avoir les yeux en face des trous, non ? Et de répéter le mantra de Thatcher : « *there is no alternative* ». Pourtant, lorsque l'on plonge dans les recommandations de l'OCDE, ou des *think tanks* comme Terra Nova et l'Institut Montaigne, les gants ne sont pas mis. On y apprend, par exemple, qu'en cas de résistance de la population il sera nécessaire d'user

---

73. En réalité, de *propagande*. L'un des fondateurs du marketing Edward Bernays écrit dans *Propaganda* : « La propagande [...] revient à enrégimenter l'opinion publique, exactement comme une armée enrégimente les corps de ses soldats. Les gens susceptibles d'être ainsi mobilisés sont légion, et une fois enrégimentés ils font preuve d'une telle opiniâtreté qu'ils exercent collectivement une pression irrésistible sur le législateur, les responsables de journaux et le corps enseignant. »

d'une dégradation progressive du service public, de sorte que l'alternative du privé devienne attractive[74].

Les effets se font déjà ressentir : au Royaume-Uni, les inégalités sociales ont progressé de manière spectaculaire. À Glasgow, par exemple, l'espérance de vie des classes sociales supérieures est de 82 ans, celle des catégories les plus pauvres n'est que de 54 ans. À titre d'information, l'espérance de vie des pauvres en Inde reste de 62 ans… Comment, dès lors, nier que le requin n'est pas en train d'envoyer gaiement les guppys sur le chemin de l'extinction ?

79

Je ne veux pas travailler en agence, mettant mon temps et mes forces au service d'un quelconque plan marketing

74. Un rapport de l'OCDE paru dans le *Cahier de politique économique* numéro 13 en 1996 est assez limpide sur la direction prise : « Si l'on diminue les dépenses de fonctionnement, il faut veiller à ne pas diminuer la *quantité* de service, quitte à ce que la *qualité* baisse. On peut réduire, par exemple, les crédits de fonctionnement aux écoles ou aux universités, mais il serait dangereux de restreindre le nombre d'élèves ou d'étudiants. Les familles réagiront violemment à un refus d'inscription de leurs enfants, mais non à une baisse graduelle de la qualité de l'enseignement et l'école peut progressivement et ponctuellement obtenir une contribution des familles, ou supprimer telle activité. Cela se fait au coup par coup, dans une école mais non dans l'établissement voisin, de telle sorte que l'on évite un mécontentement général de la population. […] Du point de vue de l'efficacité, le maintien de la qualité de l'enseignement supérieur peut être préférable à la croissance rapide des effectifs d'étudiants mal formés. Mais le classement des mesures de stabilisation en fonction du risque politique ne relève, ni de l'efficacité, ni de la justice ; il résulte de rapports de force entre les groupes d'intérêt touchés par l'ajustement et un gouvernement en position de faiblesse. »

voué tout au mieux à disparaître dans les dix ans. Ni esclave, ni maître, me soumettre à une idéologie meurtrière et insidieuse est bien le dernier de mes souhaits.

La seule arme que j'ai, c'est la plume. Or, le pouvoir économique et politique a mis en place ses garde-fous : ne sont susceptibles de manger à leur faim que les auteurs le caressant dans le sens du poil. Comment assurer mon avenir sans me compromettre ?

80

Vie calculée. J'estime à 600 le nombre d'ouvrages que j'ai pu lire ces dix-huit dernières années. Sachant que la moyenne nationale est de 15 livres lus par an, j'ai accumulé un capital de lecture qui me permettrait de ne plus plonger le nez dans un bouquin avant ma retraite.

Au niveau sexuel, le capital est déficitaire : à moins de tripler le nombre de rapports par an avec les deux partenaires qu'il me reste, je n'atteindrai sans doute pas la moyenne avant la fin de ma vie.

Mais avec les quelque 800 films vus en dix ans, je pense que ma somme culturelle est positive.

En matière de réseau de connaissances, la moyenne de contacts Facebook étant de 130, il est peu probable que j'atteigne une telle sociabilité avec ma trentaine de proches sur mes neuf années de présence.

Cela est-il compensé par mon vocabulaire riche, qui me permet de me situer dans la moyenne haute de la population ?

Je pense avoir contribué à hauteur de 650 € au salaire socialisé des Français sur les dix dernières années, alors que dans le même temps ma survie n'a tenu qu'aux 23 000 € d'aides fraternelles. Je sais qu'il me faudra au moins cinq ans pour rembourser ma dette à la société, si je travaille au Smic, et que l'on ne considère pas qu'une grande partie de cette aide est revenue à l'État entre-temps sous forme de taxes diverses.

Si l'on voit la vie par calcul, à la manière d'une gestion d'entreprise, alors le constat est simple : mon solde intellectuel et culturel positif ne suffit pas en lui-même à compenser mes dettes sociales et affectives. Si cette approche de la vie vous semble odieuse, préparez-vous parce qu'elle s'établit comme norme.

81

Fragments.

XXX

« Gemo, pour femme et enfants. » Car oui, c'est pratique, les femmes s'occupent des gosses, et elles peuvent se faire plaisir par la même occasion. Le sexisme n'a jamais été si raffiné. À celles et ceux qui me prennent pour un interprète aux théories échevelées, lisez donc un manuel de marketing.

XXXI

Les gens sont trop cons. Je tiens de mon père cet aphorisme : même l'abeille, voyant la main se refermer sur elle, pique celle-ci dans un ultime sursaut.

XXXII

Le socialisme est basé sur l'idée que les changements graduels – ou réformes – sont plus efficaces que la révolution brutale pour combattre le capitalisme. L'erreur des socialistes aura été d'oublier que c'est également une arme formidable si elle tombe aux mains de l'ennemi…

XXXIII

En arrivant au lycée, j'étais marxiste. J'en suis sorti libertaire.

XXXIV

Le cérumen des ministres est imperméable aux cris du peuple.

XXXV

La société de l'image était contingente mais nécessaire, en ce qu'elle aurait pu ne pas se produire, mais qu'au vu des événements il ne pouvait pas en être autrement.

Phénoménologie de l'Espèce

82

Si auparavant j'ai pu appeler cela Système[75], je préfère maintenant l'appellation d'Espèce. Ce terme est bien plus organique, moins flou : tout le monde sait qu'il existe des pulsions qui nous gouvernent en partie, qu'en tant qu'animaux une part de nos actes provient de l'instinct.

Des déterminants. Or, ce qui nous détermine n'est pas limité aux pulsions animales. Nous avons un corps, et les neurosciences étudiant les réactions chimiques qui se produisent dans le système nerveux nous apprennent que nos états mentaux sont sujets à une physique observable. Le rôle qu'a la dopamine dans le système de récompense, en relation avec l'usage de stupéfiants, en dit long sur l'as-

75. Avec une majuscule pour le différencier, déjà à l'époque, de la notion rastafarienne ou des ensembles politiques, économiques, médiatiques et sociaux.

sujettissement de la volonté au corps, par exemple[76]. Dans le magistral *Essai sur le libre arbitre*, Schopenhauer montre que de toute façon, la volonté n'est pas soumise à l'homme, et que ce serait plutôt l'inverse[77] : « Je peux faire ce que je veux ; je peux, si je veux, donner aux pauvres tout ce que je possède, et devenir pauvre moi-même – si je veux ! – mais il n'est pas en mon pouvoir de le vouloir, parce que les motifs opposés ont sur moi beaucoup trop d'empire. Par contre, *si j'avais un autre caractère*, et si je poussais l'abnégation jusqu'à la sainteté, alors je pourrais vouloir pareille chose : mais alors aussi je ne pourrais pas m'empêcher de la faire, et je la ferais *nécessairement.* »[78]

Les neurosciences semblent donner raison au philosophe pessimiste : dans une célèbre expérience de 1983, Benjamin Libet constatait ainsi qu'à l'examen électrophysiologique, un individu est conscient de sa décision quel-

---

76. Une illustration supplémentaire du corps gouvernant la volonté est le comportement du rat atteint de toxoplasmose : l'agent parasitaire modifie la connectivité des centres du plaisir et de la peur, au point que le rat éprouve un désir sexuel pour les chats, le poussant à se faire dévorer. Si les effets d'un parasite sur l'être humain sont moins étudiés, les médecins pensent de plus en plus à traiter la flore intestinale dans les cas de dépression : on trouve en effet dans ce formidable espace d'échange que sont les intestins un microcosme d'organismes « étrangers » au corps proprement dit, en contact avec un système nerveux encore méconnu. Or, ce système nerveux entérique pourrait être le cerveau original, si l'on en croit certains chercheurs faisant état d'organismes n'ayant pas de cerveau mais un tube digestif innervé.

77. Les pages 79 à 82 de l'édition Rivages sont admirables sur ce point.

78. Voir également Spinoza, dans la partie I, proposition 32 de l'*Éthique*. Ou même Nietzsche dans la partie I, § 17 de *Par-delà le bien et le mal.*

ques 350 millisecondes *après* que son cerveau ait commencé l'action. Le cerveau prépare l'action avant que l'individu n'ait conscience de la vouloir. Les expériences postérieures de Patrick Haggard affinent cette situation : la volonté consciente ne déclenche pas l'acte, la conscience n'intervient que pour piloter l'action, ou en amont la planifier. Si l'on peut dire qu'à défaut de volonté il y a l'intention dans le cadre, par exemple, des automatismes, ce n'est pourtant pas le cas pour les mouvements qu'on ne saisit qu'après-coup : si l'on me jette une pierre au visage, je vais l'esquiver, et ce n'est qu'ensuite que je réaliserai avoir effectué le mouvement.

D'autres pourraient arguer, dans un registre différent, que le moteur d'action est le Bon, le Souverain Bien ou alors un impératif catégorique, en bref que les hommes agissent toujours de bonne foi en croyant faire un choix juste. Personne ne se définit comme mauvais, ça n'a pas de sens. Même le pire des assassins a, au moment d'agir, une raison qu'il juge bonne pour tuer ; le remords vient *a posteriori*. Et quand bien même on pourrait penser un être détaché de toute raison d'agir autre que sa propre survie, voilà encore au moins une raison d'agir. Que ce moteur se situe dans la morale ou dans une idée du juste importe peu, il s'agit encore une fois d'un déterminant.

Mais avant même que Dieu n'implante ses Idées dans l'esprit de l'Homme, si l'on en croit Descartes, encore faut-il que l'être humain ait une pensée intelligente. Selon le linguiste Noam Chomsky, les facultés cognitives ne peuvent s'élever en pensée intelligente sans langage. Il ne s'agit pas de dire que la pensée non verbale n'existe pas, mais qu'elle ne peut être complète qu'avec l'intervention du langage. C'est d'ailleurs la thèse défendue par le neurologue Dominique Laplane dans son article « La pensée sans langage » : « Il paraît bien plus plausible, vu le maillage très serré du cerveau, que le réseau non verbal soit lui-même influencé, dialectiquement, par le module langagier. » De sorte que le langage agit comme structure d'au moins une partie de la pensée, « diminuant le domaine de la pensée » comme l'écrivait Orwell.

La morale[79], en tant qu'elle apparaît dès que l'Homme fait société, est justement un autre déterminisme. On la voit intériorisée dans la psychanalyse freudienne en un Surmoi contraignant. On la voit vertu chez Platon, pour qui l'homme vertueux pratique librement le bien : jolie antinomie que celle de la liberté de se placer sous le joug d'un principe d'action. La moraline de Nietzsche permet aux faibles de se jouer des forts, elle est obstacle à l'élévation de l'homme dans sa *Généalogie de la morale*, puisqu'elle l'empoisonne d'une négation de soi et de conflits émotionnels dont il pourrait par ailleurs se passer[80]. Nous

79. Ce que j'entends ici par morale est de l'ordre de la volonté, du devoir. L'impératif catégorique de Kant n'est pas un impératif pour rien…

80. Nietzsche y voit d'ailleurs la source du « dernier homme », cette espèce humaine au bord de l'extinction qui ne désire rien de plus que le bonheur, le confort et la paix sans jamais faire montre d'une quelconque ambition créatrice. Cela vous semble-t-il familier ? Il est étrange de penser qu'une société républicaine se voulant laïque et donc dépourvue de valeurs chrétiennes soit si admirablement dépeinte par un philosophe allemand du XIXe siècle. Et pourtant, n'écrivait-il pas dans sa lettre du 24 septembre 1886 à Malwida von Meysenbug qu'il craignait de ne pas pouvoir être lu avant le prochain millénaire puisque personne n'aurait d'ici-là les moyens de le comprendre ?

pourrions écrire des traités entiers sur la morale comme déterminisme, en rappelant par exemple que le cadrage psychologique qu'elle délimite empêche sinon de penser un choix qui ne s'y inscrit pas, au moins de l'acter.

Et sans s'y attarder parce que le sujet est également des plus longs, mentionnons le courant structuraliste qui, s'il peut être contesté en philosophie chez Foucault, en psychanalyse avec Lacan, ou même avec Barthes, devient clairement inévitable en sociologie. En tant qu'il existe des phénomènes dont la compréhension ne saurait se passer d'une explication sociale observable et quantifiable, je ne vois pas comment cette discipline pourrait rejeter le concept de forces déterminantes répétant les mêmes effets à chaque fois qu'elles y appliquent les causes[81].

Mais je trouve que le tableau ne serait pas complet sans l'*habitus* de Bourdieu, qui a le mérite, à mes yeux, de pouvoir lier cet ensemble disparate que sont langage, morale, structures sociales et actions individuelles. Ce n'est pas une *habitude* machinale, mais une somme de « struc-

81. Les attaques politiques que subit la sociologie ces dernières années montre bien le potentiel dangereux de celle-ci à l'égard du pouvoir : si des causes sociales externes à l'individu le poussent à agir, cela effrite à la fois la notion de responsabilité sur laquelle se base notre système judiciaire, celle de l'*homo œconomicus* calculant librement coûts et bénéfices sur laquelle s'ajoute le libéralisme économique, et enfin les deux notions de citoyen libre et de représentant garant de l'intérêt commun sur lesquels notre système politique représentatif est bâti. De manière plus terre-à-terre, s'attaquer de la sorte à la sociologie, c'est ne voir en l'individu qu'une somme de causes internes sur lesquelles le politique serait incapable d'agir par définition : hélas ! comme c'est pas de chance, nous voudrions bien aider tous ces nécessiteux, mais ne le pouvons point.

tures structurées prédisposées à fonctionner comme structure structurantes » : il est à la fois produit par la socialisation (puisque l'individu acquiert ces dispositions par la société) et devient un ensemble durable de manières de penser et d'agir. L'action de l'individu n'est ainsi pas entièrement déterminée, mais repose sur des « stratégies inconscientes » incorporées au fil de l'expérience sociale[82].

En bref, même les plus allergiques au déterminisme peuvent constater que les tropismes humains sont multiples et variés, qu'ils vont d'une échelle chimique à une échelle sociale. Je pense, comme Spinoza l'écrit dans sa lettre LVIII à Schuller, que « telle est la liberté humaine que tous se vantent de posséder et qui consiste en cela seul que les hommes ont conscience de leurs appétits et ignorent les causes qui les déterminent »[83]. Je ne dis pas que la liberté n'existe pas, mais que si elle existe, elle est par nécessité suffisamment restreinte pour que l'on puisse parler d'une *impression* de liberté.

De la diffusion. De telle sorte que nous sommes gouvernés par l'Espèce, en tant qu'elle est un être social organique, un organisme social, un *tout*. Individus, nous n'en sommes que des attributs, en apparence. Il y a donc une tension entre individualisme et Espèce, comme il y en a

82. D'une certaine manière, l'*habitus* de Bourdieu se rapproche d'un jeu de cartes : notre main se remplit au cours du temps d'un ensemble de cartes qui délimitent les actions qu'il nous est possible de faire. Bien sûr, c'est souvent ce gosse de riche de David qui a les meilleures cartes…

83. Dans la même lettre : « J'appelle libre, quant à moi, une chose qui est et agit par la seule nécessité de sa nature ; contrainte, celle qui est déterminée par une autre à exister et à agir d'une certaine façon déterminée. »

une entre libre arbitre et déterminisme. Attention toutefois, l'Espèce n'est pas la Volonté de Schopenhauer où les individus ne sont qu'apparence, il s'agit bien plus de l'« instinct de troupeau » de Nietzsche : les individus sont, mais tout se passe *comme si* ils n'étaient qu'apparence de l'Espèce, puisque l'emprise de celle-ci est si intense qu'il ne peut en être autrement.

Il a pu y avoir par le passé des groupes différenciés de l'Espèce, avec de fortes fondations communes. Celles-ci font d'ailleurs l'objet du projet anthropologique de Claude Lévi-Strauss : l'analyse comparée des mœurs et institutions des sociétés fait état de structures semblables tout en en dégageant d'autres plus particulières. Ainsi a-t-on pu observer, par exemple, des comportements similaires de séduction féminine dans plusieurs sociétés différentes par ailleurs ; les femmes de celles-ci ont tendance à couvrir leur sourire d'une main sur la bouche en cas d'intérêt pour un partenaire potentiel. On retrouve donc des fondations communes, et qu'elles proviennent d'une même adaptation à un environnement identique ou d'un partage lointain importe peu : c'est le mécanisme même qui aboutit à ces microstructures qui est questionné ici.

Avec la globalisation, ces différences observables s'effritent de plus en plus. Il reste un point que je soulève : si le mode de fonctionnement observable des sociétés est différent, leurs mécanismes internes sont similaires. Le Centre des singes japonais ayant étudié les macaques de Koshima de 1952 à 1965 fait état d'un comportement singulier : une femelle avait pris l'habitude de tremper les patates douces pour en retirer le sable avant de les éplucher et de les manger. En quelques années, ce nouveau comportement s'était répandu à toute la population de l'île. Si certains voient dans le fait que les singes des îles avoisinantes ont également adopté ce comportement un exemple de propagation de savoir sans transmission visible, je reste plus mesuré dans mon propos. Un des macaques de Koshima a pu, en effet, nager jusqu'à une île voisine, par exemple. À mon sens, tout ceci illustre plutôt le mécanisme d'apprentissage *inhérent* au singe : pourquoi utiliser cette technique alors que l'ancienne fonctionnait depuis des siècles, comment elle a pu être adoptée par l'ensemble de la population.

Un autre exemple pourrait être celui de la mise en société des rats. L'expérience des rats plongeurs de Didier Desor à la faculté de Nancy en 1994 reste la plus emblématique sur le sujet. Prenons deux cages reliées par un tunnel inondé, et plaçons dans l'une de la nourriture et dans l'autre un rat isolé. Tous les rats testés ont alors le même comportement : ils vont d'eux-mêmes aller chercher leur propre victuaille. Reprenons ces rats, mais cette fois-ci nous les plaçons en un groupe de six dans la cage sans nourriture. C'est là qu'apparaît un phénomène étonnant : les rongeurs vont spontanément se répartir en trois catégories. Il y a l'unique rat « autonome » qui va rapporter la nourriture pour lui-même en la défendant, trois rats « exploiteurs » qui poussent à l'eau et attaquent les deux derniers rats « ravitailleurs » qui ne mangent qu'une fois la tâche sociale de rassasier l'ensemble terminée. Y compris lorsque l'on place six profiteurs ensemble, les rôles sont redistribués à l'identique. Et dans le cadre d'un groupe plus important de, disons, deux cents rats, après en avoir éliminé trois nous retrouvons une hiérarchie d'exploiteurs et de lieutenants répercutant leur autorité sur les rongeurs exploités… Le fait le plus étonnant de cette étude est que les rats exploiteurs sont dans une situation de peur permanente, que si on leur enlève leur main d'œuvre ils se laissent mourir, alors que si l'on injecte des anxiolytiques à l'ensemble de la population aucune structure sociale ne se met en place et chaque rat plongera chercher sa propre nourriture. On voit ainsi qu'un mécanisme sous-tend la mise en société des individus, et que ce mécanisme, même particulier à une situation donnée, reste une réaction à celle-ci. Tous les rats, dans la même situation réagiront socialement de la même manière, qui n'est dépassée qu'en cas de changement de situation.

Ce point me semble applicable à l'être humain : dans une situation donnée, nous établissons une même structure sociale. La structure sociale est ainsi déterminée par l'humain, et elle détermine l'humain. C'est ce mécanisme de structure structurée et structurante qui est la seconde base de ma conception de l'Espèce.

En bref. Nous fonctionnons tous de la même manière, et cette manière nous conditionne. L'ensemble des facteurs déterminants, en ce qu'ils sont partagés par les membres d'une population, voilà ce que je nomme Espèce.

83

Complexe de la solitude. Ce qui m'étonne dans l'analyse politique et médiatique des attentats terroristes, c'est à la fois son manque de profondeur, et sa manipulation ouverte pour obtenir toujours plus de contrôle sur la population. Au Royaume-Uni, Theresa May désire espionner ses concitoyens sur Internet, alors qu'en France on parle d'état d'urgence permanent, ou du moins veut-on inscrire ses mesures dans le droit commun… Comme si les attentats étaient l'œuvre de groupes soudés que l'on pouvait surveiller et empêcher d'agir *a priori*. Non. Nous avons affaire ici à des incidents individuels revendiqués *a posteriori*. Il s'agit d'un cas d'école d'un « complexe de la solitude ».

Élaboré par le manga puis l'anime *Ghost in the Shell*, le complexe de la solitude représente un phénomène où des actions individuelles sans liens mais similaires créent un effort qui a l'air concerté[84]. On peut le comparer au phénomène d'imitation (*copycat*) qui se produit lors d'un cirque médiatique, que ce soit pour des crimes en série, des

84. « Le Rieur : Dans la théorie sociologique, le régulateur finit par disparaitre en ne laissant aucune trace de sa présence, ni à l'intérieur ni en-dehors de la société.
Le Major : C'est de Fredric Jameson, je crois.
Le Rieur : *Yes.* Mais pas seulement. Masachi Osawa aussi. J'avais beau en avoir entendu parler dans mes lectures, je ne pensais pas que ce soit possible. Jusqu'à ce que je le vois de mes propres yeux : qui aurait cru que l'on puisse continuer à développer des copies en l'absence d'un original ? Si on devait mettre un nom sur ce phénomène, comment l'appellerait-on ?
Le Major : Eh bien ce serait le *stand alone complex.*
Le Rieur : *Yes.* Le complexe de la solitude. Depuis le début la nature profonde de la société dans laquelle nous vivons porte en elle les germes de cet incroyable phénomène. Pour ma part, j'ai bien peur que nous entrions dans une ère marquée par le désespoir. » (*Ghost in the Shell : Stand Alone Complex*, saison 1, épisode 26)

suicides (effet Werther) ou même des cas d'ovnis[85]. L'imitateur a simplement besoin de croire que son comportement d'imitation provient d'un initiateur – quand bien même il n'y en aurait aucun ou que celui-ci ait fini par disparaitre –, pour que s'ensuive une épidémie où chaque comportement copié peut initier le suivant. En clair : les attentats terroristes ne sont pas un effort coordonné d'un groupe informe à l'autre bout du monde, il s'agit d'explosions individuelles initiées par imitation.

Ce phénomène est dû principalement à la parallélisation des esprits humains : le réseau d'information qui imprègne la société expose les individus aux mêmes stimuli et aux mêmes données, ce qui rend les réactions fortement similaires. Encore une fois, l'*habitus* de Bourdieu pourrait expliquer les mécanismes d'intériorisation et de réaction en œuvre ici. Le fait que nous ayons tendance à vivre dans des *bulles*, c'est-à-dire que nous nous conformions à ce biais cognitif selon lequel ce qui est familier est perçu comme vrai, contribue à amplifier le complexe de la solitude.

Dans la nature, ce phénomène est beaucoup plus commun qu'on ne le pense, bien qu'à une échelle moindre. On peut citer l'exemple du cloaque comportemental de

85. Deux exemples viennent en tête pour illustrer cela. Le premier est le cas Kenneth Arnold où plusieurs témoignages de « soucoupes volantes » ont été répertoriés alors que la description donnée par le journal était trompeuse en confondant le mouvement et la forme des objets aperçus par Kenneth Arnold. Le second, plus documenté, est le cas de Beert où des personnes ont créé de toutes pièces un canular : la rédaction du journal ayant publié la photographie fut envahie de témoignages.

l'éthologue John B. Calhoun où une surpopulation chez la souris conduit à des comportements agressifs et à des perturbations dans l'ordre social allant jusqu'au cannibalisme (malgré une abondance de nourriture). Devant une situation intenable, des comportements similaires sont observés sans qu'il y ait concertation. De même que pour le changement de sexe chez certaines grenouilles, la disparition des fourmis soldats va entraîner un changement de rôle chez plusieurs fourmis ouvrières sans qu'aucun ordre ne soit donné par une quelconque hiérarchie. Recevant la même information d'un manque social, via la disparition des phéromones émises par les soldats, les fourmis réagissent de manière similaire.

Nous serions donc face à une transposition d'un phénomène naturel dans un contexte culturel. De là à rapprocher le complexe de la solitude de la théorie mémétique telle que décrite précédemment, il n'y aurait qu'un pas. Devant l'omniprésence du réseau d'information, peut-être l'unique attitude saine est celle de Laborit : la fuite.

84

Retour sur l'hyperréalité. Tout d'abord, permettez que j'use ici du terme d'hyperréalité à défaut d'un autre. Il s'agit d'une imitation d'une réalité qui n'a jamais existé[86],

---

86. Notre espèce a une véritable addiction à la fiction et au virtuel, au point que lorsque l'on nous montre une animation où deux carrés se touchent, rebondissent entre eux, avant de se séparer nous y voyons spontanément deux personnages luttant ou s'embrassant. Un exemple tout aussi frappant est celui donné dans un épisode de *Community* : présentez un stylo à votre entourage, donnez-lui un nom, patientez

prise sur une échelle macroscopique en tant que structure sociale. C'est un ensemble structuré et structurant notre manière de percevoir le monde comme autre que ce qu'il est.

Si les gens croient n'importe quoi, peut-on mettre en avant la notion de *cadre* donnée par Frédéric Lordon pour approfondir le sujet ? Selon Lordon, la tâche des médias devrait être d'organiser le débat autour de sujets fondamentaux. Or, la presse semble acquise à l'idéologie libérale dominante, et en dehors d'elle point de salut. On peut expliquer l'existence de ce cadre par l'analyse des propriétaires des groupes médiatiques (principalement de grands groupes industriels[87]), par la nature double du modèle économique médiatique (se vendant à la fois à son public et à ses annonceurs, ces derniers ayant le plus de poids[88]), mais également par les systèmes de formation, de qualification et de sélection des journalistes[89]. L'élite jour-

---

quelques secondes, et brisez-le d'un coup sec. L'identification à un personnage qui vient pourtant tout juste d'être présenté, et qui n'est en réalité qu'un bout de plastique, provoquera une gêne. Même les effets de paréidolie où l'on identifie une forme humaine ou animale dans un objet quelconque semblent montrer que nous sommes câblés pour ajouter une couche virtuelle au-dessus de nos perceptions.

87. Cela fait longtemps que le pouvoir économique a compris l'intérêt de posséder des journaux. On pense notamment à Henry Ford et son *Dearborn Independant* propageant son antisémitisme.

88. La phrase de Patrick Le Lay concernant le « temps de cerveau disponible » vendu à Coca-Cola par TF1 est évocatrice de cette importance de l'annonceur.

89. Il y aurait beaucoup à dire, c'est vraiment un gros morceau. Sur la formation, François Ruffin notait dans *Les Petits Soldats du journalisme* que le Centre de formation des journalistes ne renferme pas de bibliothèque, et qu'on y enseigne à « recopier l'AFP, produire vite et

nalistique pense sincèrement qu'elle est libre de penser et d'agir comme elle le souhaite. Comme l'expliquaient Noam Chomsky et Edward Herman dans *La fabrication du consentement* (ou plus récemment Serge Halimi avec *Les Nouveaux Chiens de garde*), il n'est pas à douter qu'ils sont effectivement libres et qu'aucune censure ou pression n'est effectuée à leur encontre : s'ils occupent le poste, c'est qu'ils adhéraient déjà à l'idéologie en toute bonne foi. Le cadre n'est alors jamais remis en question.

Or, une population de plus en plus importante ne supporte plus ce cadre, pour diverses raisons. Elle est alors prête à croire n'importe quoi, pourvu que ce soit une alternative, et avec l'émergence d'outils de communication taillés pour la transmission libre d'information, les gens n'ont d'autres choix que de se changer eux-mêmes en média, comme autant de petits pigistes en puissance. On retrouve l'idée de masse informe évoquée plus haut.

Le phénomène de surface qu'est l'éditocratie plante les derniers clous de l'hyperréalité en y ramenant les éléments les plus rebelles. Il y a en effet un verrouillage idéologique des éditorialistes, selon lequel nous vivons déjà dans le meilleur des mondes, qu'il n'y a pas d'alternative, que toute proposition contraire ne saurait être pragmatique ou réaliste. Doublée de la pratique du *fact checking*, l'affaire

mal, imiter les concurrents, critiquer les livres sans les lire, ne surtout plus penser, trembler devant sa hiérarchie ». Sur les modèles de qualification et de sélection, entre le Mercato journalistique où les têtes sont interchangeables d'un journal à l'autre, les affinités avec le monde politique et économique dont l'exemple le plus frappant reste le dîner du Siècle, et la tradition française des interviewers choisis par le Président de la République, il y aurait beaucoup à écrire.

Décodex montre le point débattu depuis le journalisme gonzo des années soixante : le journalisme traditionnel se réclame de l'objectivité, il ne serait là que pour établir des faits et en aucun cas il ne se permet d'opinions. On a donc un journalisme (« *lémédias* » pour reprendre le terme ironique de Lordon) qui se présente comme objectif, alors même qu'il est enfoncé jusqu'aux sourcils dans un cadre idéologique. Or, conclut Lordon, la philosophie implicite du *fact checking* est le *post-politique*, ce discours selon lequel le politique est mort, qu'il ne reste que de la gestion, qu'il n'y a plus besoin d'idéaux puisque nous vivons dans l'unique monde possible et qu'il est inutile – puisque impossible – de vouloir le changer. Le but final de la société, et donc de l'individu, est la consommation ; les produits et les marques sont les nouvelles religions[90] ; l'être humain doit se percevoir comme produit, et donc projet. Toute personne ne s'inscrivant pas dans ce cadre est considérée comme perdue pour la cause de l'hyperréalité libérale.

Il y a donc clivage entre ceux qui ne parlent qu'à l'intérieur du cadre et ceux qui proposent d'en sortir. Clivage que de plus en plus de gens résolvent en rejetant « *lémédias* » et en s'abreuvant de sources d'informations dites « alternatives » qui, si elles assument leur subjectivité, ne sont pas plus *vérité* que ne le sont leurs pendants traditionnels. Ce ne sont que d'autres colorations de la réalité, parfois bien plus fantasmées (on pense par exemple aux com-

90. De manière assez littérale : le spécialiste en neuro-marketing Martin Lindstorm note que la place des marques dans le cerveau prend celle auparavant acquise aux religions.

plotistes de tout bord[91]). C'est ainsi que, même dans la recherche d'alternatives, l'hyperréalité rattrape ses rebelles. Dans le cadre, vous êtes dans l'hyperréalité libérale, en dehors vous sombrez dans l'hyperréalité alternative. Seule une fraction de la population navigue en dehors, sans pour autant y échapper complètement à l'échelle individuelle.

85

S'il est une chose communément admise, c'est que notre champ de vision conditionne nos actions possibles. Quelqu'un qui ne croit pas en l'altruisme ne pourra pas faire acte de charité. C'est un principe que l'on retrouve en linguistique, et de manière générale tout domaine qui a trait au langage et à la pensée : il est bien plus complexe, sinon impossible, de penser convenablement un objet si l'on n'a aucun terme adéquat pour le désigner[92].

On peut rapprocher ce phénomène de l'effet de cadrage en psychologie sociale où notre jugement sur un événement est influencé par la présentation qui nous en est faite, ce qui conduit à des choix et actes différents. Or, la sociologie des médias sait depuis longtemps que toute

---

91. Dans un article de 2016, David Robert Grimes démontre qu'une conspiration ne peut être tenue secrète si elle implique un grand nombre de personnes. Statistiquement, plus le nombre de personnes au courant d'un secret est élevé, moins de temps ce secret tiendra. L'étude montre que pour tenir une dizaine d'années un complot ne doit pas impliquer plus de 1257 personnes, ce nombre tombe à 125 pour un complot centenaire.

92. Pour impressionner le public naïf, on évoque souvent dans ce cas la cinquantaine de mots des Inuits pour désigner la neige.

présentation médiatique met en avant des éléments cependant qu'elle en laisse d'autres en retrait. Ce cadre cognitif n'a pas pour effet de nous imposer une opinion précise, mais plutôt d'éliminer des opinions qui auraient pu se forger à partir d'éléments qui ont été écartés.

Pour illustrer cela, on peut prendre pour exemple la surexploitation de l'expression *prise d'otage* pour désigner un mouvement social pris sous le seul point de vue de la gêne causée aux usagers. Ajoutons que le cirque médiatique, en parlant de *prise d'otage*, fait clairement le jeu du pouvoir (notamment public), puisque les « preneurs d'otages » sont perçus comme impactant les usagers, effaçant le rôle du troisième parti de l'affaire : l'employeur pour qui la grève est en réalité destinée. Les grévistes ne sont plus vus comme s'attaquant aux dirigeants dans un bras de fer, mais comme malfaiteurs causant du tort au public pour forcer le bon gouvernement à réagir. Et si d'aventure un syndicaliste est appelé à s'exprimer, on le somme de condamner son mouvement et d'y mettre un terme. Les médias servent alors clairement de chiens de garde d'un pouvoir sur lequel ils semblent aboyer par ailleurs le reste du temps. Il paraît étonnant que les citoyens tombent dans le panneau, mais c'est oublier la réduction dans le processus du citoyen au simple usager dont le droit de consommation est bafoué, mais également toute la force du procédé de cadrage démontré ici.

Dès lors, il n'est pas surprenant de constater, tel un petit anthropologue de salon, la reprise du langage politicien dans les conversations de comptoir. Ici nous utiliserons l'expression de *dialogue social*, là les termes de *charges patronales* ou de *flexibilité*[93]. George Orwell écrivait déjà dans *1984* : « Ne voyez-vous pas que le véritable but du novlangue est de restreindre les limites de la pensée ? À la fin, nous rendrons littéralement impossible le crime par la pensée, car il n'y aura plus de mots pour l'exprimer. Tous les concepts nécessaires seront exprimés chacun exactement par un seul mot dont le sens sera rigoureusement délimité. Toutes les significations subsidiaires seront supprimées et oubliées. » Le novlangue contemporain, empruntant fortement à l'économie de gestion pour expurger le sens social du politique[94], est devenue la langue de bois politicienne. Le cadre est établi par le langage même.

Nous pourrions passer de longues pages à traiter le sujet, en montrant par exemple que le racisme généralisé provient en grande partie d'une présentation majoritaire d'autrui comme d'une menace (représentation libérale s'il en est, toute empreinte d'un individualisme poussé à ses limites). Mais cela peut être résumé en une phrase. L'effet du cadrage cognitif, nous forçant à penser l'autre à partir des éléments qui nous sont affirmés, sert l'intérêt d'un individualisme forcené et diviseur. Le politique ne pouvant

93. En lieu et place de « négociations entre plusieurs parties à importance économique, juridique et politique inégale », « cotisations patronales » ou plus justement « participations patronales au salaire indirect » et « précarité ».

94. La valeur politique ultime et indépassable de ces dernières années est la croissance. Tout économiste politique un tant soit peu éduqué peut vous indiquer que la course à la croissance comme solution sociale est une bêtise incommensurable. La preuve en est que sur la fin du premier mandat de Mitterrand, la croissance a explosé, alors que dans le même temps le chômage augmentait en flèche et le pouvoir d'achat reculait.

se concevoir que comme collectif, on comprend aisément l'intérêt du pouvoir là-dedans.

Mais quel est l'intérêt des médiateurs, des laquais du pouvoir ? Au-delà de l'os à ronger, il est pour ma part certain qu'il ne s'agit pas d'un complot infâme entre dirigeants et informants pour le pouvoir sur la masse. Non, leurs intérêts convergent mais sont bien distincts. Pour comprendre cela, il faut s'attacher à entendre la formidable « vague de l'insécurité » qui déferle depuis plusieurs décennies dans les rédactions.

Nous remarquons en effet une surabondance de sujets de faits divers, en rapport avec un « sentiment d'insécurité ». Les Français se sentiraient de moins en moins en sécurité. Pourtant, on constate que les chiffres de cette criminalité représentée restent stables ou en baisse[95]. Malgré ce fait, l'arsenal répressif légal s'est considérablement durci : dorénavant l'information et les réponses pénales reposent sur du *sentiment* et non du fait. La répétition des images à la télévision, des unes dans la presse, crée une

95. Un article du *Figaro* est assez édifiant sur le sujet. Selon celui-ci, « [une enquête] de 2013 nous apprend que les victimes de violences sont plus nombreuses depuis deux ans et que seulement 25 % des atteintes aux biens ont fait l'objet d'une plainte. Policiers et gendarmes ne traitent que la partie la plus visible du problème. » (« Un Français sur cinq a peur dans son quartier », Jean-Marc Leclerc, publié le 18 décembre 2013) Or, le même article nous dévoile par son infographie qu'en réalité les « personnes s'étant déclarées victimes de violences physiques » se chiffraient à 847 000 en 2008 contre 720 000 en 2013, alors que dans le même temps on trouvait respectivement 18,1 % et 22,1 % de « personnes ayant déclaré se sentir en insécurité dans leur quartier ou leur village ». À une *hausse* du sentiment d'insécurité, pourtant contredit dans les faits par une *baisse* des violences physiques, le journal en arrive à la conclusion opposée !

« heuristique de disponibilité » où la raison ne se base plus que sur les informations immédiatement disponibles sans chercher à s'en procurer de nouvelles. Associé à l'effet de cadrage, l'individu s'informant efface sa propre expérience pour ériger son sentiment en conviction. Or, les neurosciences nous apprennent que lors d'un sentiment de peur (stress), plusieurs réactions chimiques se produisent dans le système nerveux. Parmi elles, on constate la production de cortisol, qui empêche le bon fonctionnement des zones préfrontales du cerveau[96]. En tant que glucocorticoïde, le cortisol entraîne synthèse du glucose et lipolyse, d'où une envie de se nourrir de sucré et de gras. Peut-être est-ce là une des raisons du comportement étonnant constaté par Lea Dunn et Joandrea Hoegg : dans une situation de stress, l'être humain a tendance à trouver dans une marque de boisson gazeuse un attachement plus fort[97].

On comprend alors facilement l'intérêt du système médiatique pour le sentiment de peur engendré par l'insécurité : en créant un climat de stress, il présente son

96. Responsables des fonctions cognitives (langage, raisonnement, etc.). On constate également qu'une exposition prolongée, bien que favorisant la mémoire à court terme, endommage les cellules de l'hippocampe et empêche donc l'apprentissage à long terme, tout en inhibant la récupération d'informations déjà stockées. Il serait intéressant de mesurer les effets à très long terme sur une large population pour, peut-être, les corréler à la résilience de la société, c'est-à-dire sa perte de mémoire et indolence généralisée sur des événements pourtant traumatiques. En bref, cette peur insufflée par les médias et ce stress géré en entreprise sont-ils parmi les causes d'un manque de révolte dans la population, donc d'un panurgisme ?

97. Voir à ce sujet la vidéo *La France a peur : le syndrôme du grand méchant monde* de Horizon Gull.

public sur un plateau à tout annonceur désireux de s'élever comme fidèle remède à la peur. Les médias dominants ont donc un intérêt économique évident à désigner autrui comme une menace[98].

Mettre en scène la contestation sociale comme attaque contre une population, en se basant sur le cadre établi de l'autre comme menace, voilà déjà un premier exemple de l'effet de cadrage comme biais cognitif utilisé pour soumettre le collectif à l'individuel.

86

> « *Je déteste autant de suivre que de conduire.*
> *Obéir ? Non !*
> *Et gouverner jamais !*
> *Celui qui n'est pas terrible pour lui, n'inspire la terreur à personne*
> *Et celui seul qui inspire la terreur peut conduire les autres.*
> *Je déteste déjà de me conduire moi-même !* »

Nietzsche, *Le Gai Savoir*, Prélude § 33

L'erreur de Hobbes n'aura pas été de démontrer que, comme le veut la formule consacrée, « l'homme est un loup pour l'homme ». Son erreur, d'un point de vue purement logique, c'est d'en déduire que le Léviathan est nécessaire à partir de ce constat.

---

98. Cela ne signifie pas que tous s'y adonnent, mais les couvertures colorées des kiosques et les sujets des différents journaux télévisés me permettent un certain pessimisme sur la question.

Que l'homme soit par nature déterminé par le *conatus*, c'est-à-dire déterminé à survivre et à se préserver, cela est certain dans la majorité des cas de figure. C'est la volonté même de l'Espèce que de s'assurer de sa survie. De là à en postuler un état de nature comme « guerre de tous contre tous », c'est déjà plus complexe dans le cadre de l'être humain, mais admettons. Mais qu'il soit nécessaire, pour dépasser cet état de nature, d'instaurer le tyran fort[99] en cédant à celui-ci le droit des individus à se gouverner eux-mêmes, ce n'est qu'une vision étriquée.

Car si les hommes sont mauvais par nature, c'est bien une raison de ne donner à personne le pouvoir de commander et de disposer de la liberté civile des autres. Quiconque au pouvoir peut devenir tyran, et même un tyran avisé n'est pas souhaitable, en ce qu'il ne peut garantir la paix et la sécurité au peuple qu'au prix de la soustraction de toute liberté civile.

Si je suis pour la liberté civile c'est justement parce que, par ailleurs, il existe trop de choses qui déterminent ma liberté naturelle. Je n'ai aucune envie d'y ajouter des contraintes illégitimes et injustifiées. En bref, ma liberté est déjà suffisamment réduite pour que je consente à en offrir des parts qui ne profitent pas à me libérer de ces entraves.

Mais admettons pour l'heure la « guerre de tous contre tous » : il est bien nécessaire d'y établir l'ordre. L'ordre

---

99. Hobbes défend dans la seconde partie du *Léviathan* la monarchie absolue comme système de gouvernement le plus apte à assurer la paix et la sécurité au peuple…

entraîne-t-il mécaniquement le pouvoir[100] ? En ce que le pouvoir, qu'il soit social ou politique, s'établit verticalement du haut vers le bas de la société, l'ordre social et donc politique ne peut-il pas se constituer par la base ? Au lieu de supposer un arbitraire d'un seul sur la majorité comme unique mise en ordre, nous pourrions très bien penser un ordre transversal par collectif d'intérêt. En tant que sa survie même en dépend, l'homme se rassemble spontanément dans un but spécifique, sans obligation de permanence de ces groupes, les dissolvant une fois ce but atteint et dès que d'autres besoins apparaissent. Prenez cent personnes, enfermez-les dans quelque donjon et observez comment se forme un groupe momentané qui, une fois l'objectif de la libération atteint, se désagrège. L'ordre sans le pouvoir, voilà déjà une seconde manière d'ordonner la société au sortir de l'état de nature.

Comment dès lors garantir l'égalité civile de tous, auparavant assurée par un pouvoir se plaçant lui-même au-dessus de celle-ci ? C'est qu'il en va de l'intérêt général de la garantir, puisque sans elle nous retombons dans l'arbitraire de la liberté naturelle de ne pas être empêché de faire ce que désire la volonté individuelle, c'est-à-dire l'imposition du fort sur le faible. Pour moi, c'est la fraternité, en tant que tous les hommes sont frères, qui médie liberté et égalité. La conscience que l'individu s'accomplit dans le groupe pour l'objectif commun rend l'égalité civile et l'équité désirables. Si l'individu crée société tel qu'aupara-

100. J'entends par pouvoir : relation d'imposition de la volonté d'un individu sur un autre. Dans le cadre politique, ce pouvoir s'institutionnalise, il devient alors imposition de la volonté d'une institution prise comme individu social sur un corps social composé d'individus.

vant défini, il est dans son intérêt individuel que chaque membre de ce groupe participe au moins autant que lui au même but, ce qui ne peut être assuré que par une égalité civile. Or, même d'après l'égoïsme le plus profond, l'être humain sait bien que la mesure de sa participation ne doit se faire que par rapport à sa propre capacité : il serait stupide de demander à l'unijambiste de courir la même distance que l'athlète accompli. À chacun sa participation, à mesure de ses moyens, le résultat collectif étant partagé selon les besoins : équité ou juste traitement.

Il est alors paradoxal que cette mise en société, décrite par contrats implicites et momentanés, repose sur les bases que sont, pour l'heure, les valeurs républicaines françaises : Liberté des êtres, Égalité civile et juste traitement équitable, Fraternité comme médiation. Ce que je décris est pourtant conspué par les républicains des deux bords : il s'agit, pour moi, d'être libertaire.

87

Le solitaire en souffrance. La solitude est mortelle. Littéralement. Lorsque Aristote, dans ses *Parties des animaux*, explique que « l'homme est un animal social », il était loin de se douter de la réalité de son propos. Plusieurs études montrent que la solitude, particulièrement chez les personnes âgées, accroît le risque de mort prématurée entre 14 et 26 %[101]. Et un article de la revue *Perspectives on Psychological Science*, analysant les résultats sur près de trois millions de participants, de constater que ce

101. Steptoe, 2013.

risque de mort prématurée grimpe jusqu'à 32 % en cas d'isolement social et pour les personnes vivant seules[102]. Les statistiques parlent d'elles-mêmes : aux États-Unis, la solitude tue plus que l'obésité[103]. Même si les scientifiques ne sont pas encore d'accord sur les causes exactes de cette relation entre la solitude et la mort[104], celle-ci n'en reste pas moins troublante : il vaut mieux ne pas se sentir seul.

Or, le spécialiste en neurosciences sociales John Cacioppo, note que le sentiment douloureux de solitude peut être sujet à plusieurs facteurs, tous externes à la volonté de l'individu. Que ce soit à cause d'une certaine sensibilité à l'exclusion sociale, ou d'un manque de résilience par le contrôle des émotions et par le raisonnement face à la solitude, les personnes seules n'ont pas en elle-même la possibilité de changer. Sur la résilience, par exemple, on observe chez ces personnes des troubles du sommeil, alors que le sommeil est justement une activité qui aide à apaiser le sentiment de solitude. D'où une situation pour le moins vicieuse : sans aide, les plus isolés ne peuvent s'en sortir, et comme ils sont isolés ils ne peuvent recevoir d'aide.

C'est également pourquoi les moindres petites interactions sociales deviennent, pour le solitaire en souffrance, une véritable addiction. Outre la production de dopamine accompagnant chaque notification de messagerie instantanée, c'est un besoin vital qui est comblé durant un temps

102. Holt-Lundstad, 2015.

103. Olien, 2013

104. Certains confondent solitude et isolement social, en expliquant ces décès par un manque d'assistance en cas de problème, d'autres observent au contraire une perturbation importante du système immunitaire chez l'humain comme chez le singe (Cacioppo, 2015)...

très bref. Ce besoin d'être avec des gens qui me comprennent, de ne plus me sentir seul, c'est une réaction physique de mon corps luttant pour survivre. Cela prend aux tripes au point que l'angoisse s'installe, les larmes coulent sans discontinuer. Le corps ne souhaite pas mourir et il le fait savoir. Mais il n'est pas en son pouvoir d'être satisfait.

Sachant que l'espérance de vie en France est de 78 ans pour les hommes, qu'elle tombe à 72 ans pour ma catégorie sociale, qu'elle tombe encore à cause de mon habitat rural, qu'elle continue de chuter par mon chômage de longue durée, où placer la « mort prématurée » due à mon isolement social et à ma solitude ? Dans la première cause de décès pour ma tranche d'âge : le suicide ? On pourrait me rétorquer que les statistiques ne s'appliquent pas à l'individu. Certes, mais elles dessinent les contours de structures qui déterminent l'individu, soit en le conformant, soit en l'écartant. Il ne s'agit pas de placer la cause externe comme seul facteur en délaissant la cause interne, mais plutôt d'en montrer le rôle prépondérant. Je suis plus *susceptible* de mourir en tant qu'homme, demandeur d'emploi habitant à la campagne, issu d'un milieu pauvre, dans une situation d'isolement social, moral, affectif et intellectuel. Et l'arme du crime serait *probablement* le suicide[105].

105. Une chance sur cinq à la base sur ma tranche d'âge, mais si l'on ajoute le reste des facteurs je pense que nous pouvons faire monter cette probabilité.

Post-philosophie

88

Métaphysique. La question fondamentale de la métaphysique reste celle posée par Leibniz : « pourquoi y a-t-il quelque chose plutôt que rien ? »[106] Comme le note très justement Heidegger, cela présuppose qu'il y a quelque chose et que le rien n'existe pas. Je ne prétends pas répondre à cette interrogation millénaire en quelques paragraphes, mais j'aimerais poser ici quelques éléments de compréhension de ma métaphysique personnelle.

Tout d'abord, comme je l'ai déjà écrit, je pose que l'Être est, de même que le Néant. À l'opposé de la tradition parménidienne, et sans placer le Néant comme simple intelligible, je pense l'Être comme composé en partie de Néant. Le Néant est alors assimilable au Non-Être atomiste, puisqu'il est le pendant de l'Être, mais diffère de ce courant en ce qu'il compose la grammaire de l'Être[107].

106. Leibniz, *Principes de la nature et de la grâce fondés en raison*, article 7.

107. À mon corps défendant, et alors que je déteste Heidegger, je m'aperçois à l'écriture de ce passage que ma métaphysique se rapproche

Si l'Être était un signal numérique, l'Être serait le un et le Néant le zéro : il est bien absence d'Être mais sans lui l'Être serait informe. Vous pouvez penser cela en terme spatial : dans un espace vide, l'univers ne peut s'épandre que s'il laisse le vide entre ses différents objets ; un Big Bang n'est pas tant une explosion de l'être aux dépens du néant qu'une expansion de l'être à travers le néant.

C'est pourquoi je m'oppose à la conception de Sartre : l'Être n'est pas antérieur au Néant, et en aucun cas il ne le fonde, ce serait même plutôt l'inverse. L'antériorité du Néant ne me semble pas questionnable, puisqu'il compose en partie l'Être qui, sans lui, ne saurait exister.

Comment, dès lors, expliquer la multiplicité apparente des êtres ? De la métaphysique nous passons à l'ontologie. Fidèle à l'enseignement de mon homonyme d'Ockham, je n'ai pas besoin de multiplier les substances : l'Être est unique, il n'est qu'une seule et même substance. *Deus sive Natura*, comme l'écrivait Spinoza, la substance moniste englobe l'Être composé de Néant, elle est le cosmos, le monde, l'univers, voire la pluralité d'univers[108]. Cette division de l'Être en substance n'a donc pas lieu d'être, hormis si l'on considère comme je le fais que cette substance possède une infinité d'attributs (aspects, caractères

---

de la sienne : « Le Néant ne reste pas l'*opposé* indéterminé à l'égard de l'*étant*, mais il se dévoile comme *composant* l'être de cet étant. » (Heidegger, *Qu'est-ce que la métaphysique ?*) Je peux au moins me consoler en me disant que j'ai bien forgé de moi-même cette métaphysique et qu'elle diffère sur plusieurs points de celle du philosophe allemand.

108. Si l'on suit les théories physiques appuyées par certaines avancées mathématiques, notre univers ne serait pas unique. Le tout qu'est la substance contient également ces univers, elle est ce super-univers contenant l'ensemble des branes dans la cosmologie branaire.

de la substance). J'entends ici l'infini comme une potentialité : le nombre d'attributs est en perpétuelle expansion et peut revêtir une infinité de formes, mais est à l'instant précis parfaitement fini. Telle l'onde circulaire troublant la surface d'une mare sans bords, la somme des attributs augmente jusqu'à devenir potentiellement infinie.

Pour Spinoza, nous n'avons accès qu'à deux attributs : la Pensée et l'Étendue, attributs qui sont eux-mêmes divisés en modes finis. L'âme et de manière générale toute idée particulière n'est alors qu'un mode de la Pensée. Je ne suis pas aussi catégorique, même si j'admets l'élégance du système spinoziste. Une autre division s'opère à l'intérieur des attributs, certes, mais elle n'est pas unique. Les attributs peuvent être subdivisés à l'infini, par *plis et déplis*, chaque subdivision agissant comme instance de la précédente. Un être particulier, auparavant mode fini, devient ici dernier maillon d'une chaîne d'instances. D'une certaine manière, j'inscris une version bâtarde du monadisme leibnizien dans le spinozisme : l'Être-Monade, d'où découle le reste des monades reflets des précédentes mais tout de même unique. Il est à noter que chaque instance, si elle reprend les spécificités de la précédente dans la chaîne, rajoute les siennes propres : il y a complexification à chaque étape, et ainsi unicité. Nous pouvons reprendre l'analogie du signal numérique : si l'Être est un et le Néant zéro, chaque étape reprend le signal original et y ajoute son information propre. Ainsi, cette table particulière est-elle instance de table, elle-même instance de matière, mais reste unique en ce qu'elle ajoute telle encoche et telle composition.

L'Espèce, telle que définie auparavant, est alors une instance particulière d'un attribut de l'Être, d'où découle l'instance de l'homme particulier. Ainsi, tout se passe *comme si* il y avait multiplicité des substances, alors que ce que nous percevons n'est que le produit final[109] d'une chaîne partant d'une même et unique substance.

Cette conception diffère donc de Spinoza en ce que je ne vois pas la Pensée comme attribut, mais comme particularité ajoutée dans la chaîne d'instances. Les idées seraient donc ainsi que les décrivent les nominalistes : des étants réels singuliers. L'idée que je me fais de la Lune possède certes une base commune avec une grande partie des êtres, mais m'est bien singulière, elle est unique.

Il s'ensuit de cette conception que chaque être est potentiellement infini, en tant qu'il est mouvement perpétuel, ajoutant et supprimant des singularités en permanence. Nous retomberions presque sur un existentialisme : l'existence précède bien l'essence, mais d'un simple point de vue temporel en tant que l'essence serait alors la somme des accidents d'un être, somme qui évolue sans cesse. Nous voyons que le Temps est ici un concept important, et c'est pourquoi je le place en tant qu'attribut de la substance, de même que l'Étendue.

89

Agnostique. Je n'ai pas besoin de Dieu. Spinoza en avait besoin puisque le Dieu métaphysique est la substance qui existe par elle-même, comme l'expliquait Descartes.

---

109. Final à l'instant où nous le percevons.

Or, là où Descartes ajoute deux substances dont l'existence est garantie par Dieu, pour Spinoza la substance est unique. De même ici, mon Dieu philosophique est immanent, il n'est pas le démiurge barbu des monothéismes.

Je n'ai besoin que d'une substance pour expliquer le monde, il est inutile pour moi de les multiplier comme Jésus les petits pains. Est-ce que cela signifie que ma vision est meilleure ou même bonne ? Non, bien entendu, le rasoir d'Ockham n'est pas garant d'une explication correcte, mais celle que je présente a le mérite de résister à l'expérience. Je l'ai placée en conjecture, et elle n'est pour le moment pas contredite par la réalité empirique.

En matière de dieux, je suis donc agnostique : si la preuve m'est donnée qu'un dieu est, alors il me suffira de rajouter une substance et de dire que la précédente découle de celle-ci. Même dans ce cas, l'existence d'un dieu pose problème. En effet, nous devons nous demander s'il peut agir sur le monde.

Soit il ne le peut pas, et dans ce cas il ne s'agirait que d'une entité spectatrice dont nous n'aurions pas à nous soucier. Soit il le peut, et alors on doit nécessairement se poser la question de comment il agit. Encore une fois, nous faisons face à un embranchement logique : ou bien ce dieu agit de sorte que l'on peut s'en rendre compte, il *signe* ses actions, et dans ce cas il est prouvable par les effets qu'il engendre, comme l'existence du vent par les feuilles qu'il bouge ; ou alors ce dieu agit de manière tellement subtile que nous ne pouvons nous en rendre compte, aucune preuve n'est possible et dans ce cas il faut suspendre notre jugement le temps de considérer s'il est ou non.

Dans la plupart des cas, l'agnosticisme semble être la solution philosophique la plus appropriée à mes yeux.

90

Fatalisme. Je ne suis pas fataliste, je ne crois pas au destin, ni même en une quelconque finalité. Nous sommes déterminés par les événements antérieurs, mais le fait est que nous n'en avons pas conscience. De toute manière, la somme des causes est trop imposante pour que l'on puisse, à notre échelle, faire quoi que ce soit en se fondant sur elles. D'où un sentiment de liberté, qui n'est autre qu'une question d'échelle. Est-ce suffisant pour dire que la liberté est ? Surtout que cette impression peut très bien être un déterminant, en ce que j'agis en me croyant libre.

Je ne dis pas qu'il n'y a pas de hasard, mais qu'à notre échelle il n'a pas sa place. Si un événement isolé est bien soumis au hasard, l'expérience montre qu'il existe une sorte d'improbabilité des accidents lorsque l'on prend un ensemble important de ces événements. À tel point que le mouvement aléatoire de particules peut être modélisé, il obéit à des lois mathématiques : on parle de mouvement brownien. Pour illustrer cette idée, quelques petites expériences mathématiques me viennent en tête. Elles appartiennent à ce que l'on nomme la loi des grands nombres.

La plus simple consiste à lancer plusieurs milliers de pièces de monnaie. Si à l'échelle individuelle chaque pièce est soumise au hasard de tomber sur face ou sur pile, la loi des grands nombres indique que nous avons une très forte probabilité de nous retrouver devant ce résultat attendu :

environ 50 % des pièces tomberont sur face, et 50 % sur pile.

Quelque chose de similaire se produit si l'on prend cette fois-ci un arbre de choix[110]. Sur une feuille de papier, placez un point. De ce point, tracez deux traits obliques dans des directions opposées. Tirez à pile ou face le trait à surligner en couleur, et recommencez l'opération. Sur un ensemble d'une dizaine de tirages il ne se passera pas grand-chose, le « chemin » coloré serpente. Mais sur plusieurs milliers voire millions de tirages vous constaterez sans doute ceci : le chemin coloré trace une ligne allant du point de départ jusqu'au centre des embranchements finaux. La probabilité que le chemin atteigne un des bords de l'arbre existe, mais cette éventualité est si faible qu'elle est négligeable.

La puissance organisatrice du hasard est ainsi telle que la liberté, si elle est affaire de choix, est déterminée à notre échelle par les probabilités. Même si l'on suppose une liberté absolue, le chemin de l'Homme a tellement peu de chances de dévier qu'il en devient absurdement linéaire. Cela ne signifie pas qu'il est prévisible à notre niveau, la théorie du chaos montre bien toute la difficulté des prédictions à long terme. Je ne fais qu'énoncer cette évidence : même dans le cas d'hommes libres de toute cause les déterminant, si l'on vous demande de choisir entre chocolat et vanille, à la fin de votre vie vous aurez dégusté autant de crèmes glacées au chocolat qu'à la vanille.

Le fait que cette loi s'applique au niveau des causes montre alors toute l'absurdité de se croire libre et non

110. C'est ici une bête marche aléatoire.

déterminé. Et si le chemin le plus probable est la ligne, cela ne signifie pourtant pas qu'il s'agit d'un destin ou d'une finalité, puisque le hasard entre bien en compte. Ce n'est qu'un déterminisme hasardeux sensible aux conditions initiales.

91

De l'argument de la simulation, contre le scepticisme cartésien. En 2003, le philosophe transhumaniste Nick Bostrom pose dans son article « *Are we living in a computer simulation ?* » la démonstration que s'il est possible de simuler des univers entiers, il est alors probable que nous vivions dans une simulation informatique. Bien que je sois réticent à admettre le calcul d'une telle probabilité (puisque le nombre même de simulateurs potentiels n'est pas calculable), il faut avouer que la conclusion de cet article rejoint les miennes : rien ne peut prouver que nous n'appartenons pas à un univers simulé[111].

111. Ça, je l'avais compris dès mes années de collège, après un visionnage du film *Matrix*. C'est une des bases de ma conception du Système, et plus loin du Monde. Je n'avais pas, à l'époque, les termes pour esquisser concrètement cette conception et la coucher sur papier. Attention toutefois : si *Matrix* m'a permis d'élaborer tout cela, ce n'est pas pour ses qualités intrinsèques, mais bien parce que ce film a entrouvert une porte pour aller au-delà. Après tout, il n'a pratiquement rien de commun avec l'argument de la simulation, puisque la Matrice n'est pas tant une simulation de l'univers sans base de soi qu'une prison de réalité virtuelle pour véritables humains : lorsque Neo sort de la Matrice, il se reconnaît lui-même comme être humain conscient, et non comme suite d'information, de zéros et de uns.

C'est cet argument que j'oppose au scepticisme mesuré de Descartes, qui l'entraîne à trouver comme seul fondement indubitable la relation *cogito ergo sum*[112]. Je ne suis qu'une chose pensante, *res cogitans*, en tout premier lieu. Cela pose bien entendu problème, puisque cette substance pensante ne tient pas sans l'existence d'une tierce substance : Dieu. La conception de Descartes montre trois substances : Dieu qui existe par soi, et deux autres substances (pensante et matérielle) qui ne peuvent exister par elles-mêmes, donc qui ne peuvent exister sans Dieu. Le *moi* ne tient ainsi son existence qu'à Dieu. Autrement dit, il est nécessaire pour Descartes d'établir l'existence de Dieu (ce qu'il s'attache à faire promptement d'ailleurs), sans quoi son *moi* s'écroule.

Il semble donc y avoir chez Descartes une double présupposition du *moi*. D'une part, celui-ci apparaît avant que ne soit même établi Dieu. D'autre part, il est supposé qu'il existe un *moi* qui pense. Si le premier point peut être surmonté, le second ne peut l'être, et c'est ce que j'ai inlassablement répété par ailleurs. Rien ne m'indique que le *je* qui doute existe, et tout ce qu'a démontré Descartes en réalité, c'est que le doute existe. Mon cher René, tu as admirablement exposé que « je doute », mais pas que « je ». Ou bien, comme l'écrit Nietzsche dans le paragraphe 17 de *Par-delà le bien et le mal* : « Quelque chose pense, mais que ce soit justement ce vieil et illustre "je", ce n'est là,

---

112. Pour les plus amateurs, cette relation est ambivalente, Descartes insiste sur ce point : *je pense, j'existe*, c'est-à-dire que si j'existe, je pense, et si je pense, j'existe.

pour le dire en termes modérés, qu'une hypothèse, une allégation. »

C'est l'argument de la simulation qui montre le mieux l'étendue du problème. Dans le doute cartésien, il y a le présupposé du *moi*, alors que ce n'est pas le cas avec l'argument de la simulation. Mes pensées pourraient ne pas m'appartenir, je n'ai aucun moyen d'écarter ce doute, puisque même ce doute n'est peut-être qu'un paramètre de la simulation. Du fait même des limites arbitraires de la simulation, il est impossible pour moi d'écarter cet argument.

Or, le *moi* me paraît nécessaire au quotidien, il faut sortir de la spirale du doute. Comment faire ? Je repense au problème d'induction que Hume soulève dans son *Enquête sur l'entendement humain* : on ne peut présupposer qu'un événement se produira dans l'avenir sur la seule base que cet événement s'est jusqu'à présent répété (en d'autres termes, nous ne pouvons être certain que le Soleil se lèvera demain, il ne s'agit pas là d'une connaissance). La célèbre réponse de Karl Popper, si elle est rafraîchissante épistémologiquement, reste une déception aux yeux du chercheur de certitudes : ce n'est pas un problème, nous n'avons pas besoin de l'induction. Si le Soleil ne se lève pas demain, et que les raisons de cette soudaine grasse matinée de l'astre solaire ne sont pas exposées par la théorie, c'est que la théorie contenait manifestement des erreurs, mais qu'elle était suffisante jusque-là[113].

113. D'où l'importance des conjectures en sciences, ces assertions tenues pour vraies tant que l'on n'a pas démontré qu'elles étaient fausses, et par conséquent, qui n'ont pas été démontrées elles-mêmes.

Nous passons notre vie entière à reposer sur de l'incertain. Nous ne pouvons jamais être certains que le Soleil se lèvera demain, nous ne pouvons, au mieux, que nous perdre en conjectures. De là à interpréter la phrase attribuée à Kant[114] – « on mesure l'intelligence d'un individu à la quantité d'incertitudes qu'il est capable de supporter » – en tant qu'analyse acide de nos contemporains, il n'y aurait qu'un pas.

Pourtant, l'être humain a besoin de certitudes pour fonctionner concrètement. À la manière d'un Descartes ne demandant « rien qu'un point qui fût fixe et assuré » pour bâtir sa science, je demande de même un point inaltérable sur lequel baser mon identité, et de là mes actes. Ne trouver sous mes pieds que sables mouvants n'est en définitive que me laisser engloutir par le doute.

Alors posons que je sois. Il ne s'agit pas d'admettre que c'est bien moi qui pense, mais plutôt de considérer que j'existe et qu'il m'arrive de penser, quelles que soient les origines de ces pensées et leur mouvement. À partir de là, une fois le doute cartésien corrigé, je peux commencer à rebâtir, en gardant à l'esprit qu'il me faudra à l'avenir revenir déposer des pierres dans les fondations.

114. À ma connaissance, Kant n'a jamais écrit cette ligne. Néanmoins, son texte *Qu'est-ce que les Lumières ?* peut être interprété ainsi. La phrase semble plus être une construction autour d'une sentence de Nietzsche : « Chacun sait maintenant que c'est un signe de haute culture que de savoir supporter la contradiction. » (*Le Gai Savoir*, § 297)

Appendice

Heureuse insouciante ! Puisses-tu ne jamais connaître les tourments de l'âme te poussant à produire, toujours produire, encore produire, pour rejeter, dégoûté, au petit matin les fruits de ta plume ! Tes enfants seront de chair, les miens ont l'encre pour sang. Mais alors que les tiens hériteront de l'harmonie, les miens auront les traits de mon âme, ils ne seront jamais plus que des avortons malhabiles. Si c'est cela le sens de mon existence, la mort est bien cruelle de ne m'étreindre que si tardivement, contemplant, amusée, les soubresauts de ma noyade intellectuelle.

Ne comprends-tu pas ? Suis-je véritablement le seul à tenter de m'écrire ? Passe le temps, passe l'envie. Je m'avoue vaincu à présent : si je n'écris, je n'ai de sens ; qu'importe d'en avoir. Je suis d'une espèce en voie d'extinction du fait même qu'elle ne cesse de croître en nombre. Je suis écrivain. Le monde n'a plus besoin d'écrivains ; il en a tant ! Comment devenir une légende dans l'océan des multiples ? Au fond, ma vocation ne trouve sa source qu'en un narcissisme exacerbé. Je me croyais frappé du syndrome d'Algernon, mais la vérité est une lumière bien plus crue.

Voilà pourquoi je m'enfuis. Lâche, le voyage vers l'Afrique de Rimbaud m'effraie pour son côté unilatéral, sans retour possible, à l'image du suicide. Alors que peut-il me rester pour m'enfuir, si ce n'est les paradis artificiels ? Le paradoxe se trouve donc être simple : sans paradis je meurs de doute et explose de travail ; avec j'explose de certitudes et meurs de ne pouvoir les réaliser. Métaphoriquement, l'écrivain meurt chaque fois qu'il doit taire ses mots, laissant un récit s'achevant sur le poignard du point final. Ou quand il y a mille romans en lui, mais qu'il réalise qu'aucun de ceux-là ne peut s'écrire sans qu'il meure lui-même à les écrire. Tout cela pour quoi ? Jamais il ne recevra de remerciements, jamais son sacrifice ne sera compensé.

On pourrait croire qu'il y gagnerait l'amour de femmes cultivées, mais il n'en est rien. Des femmes, l'écrivain n'en verra que le dos, tournées qu'elles sont vers l'insipide, vers le néant. Au reste, peut-on leur en vouloir ? Peut-on les accuser de rechigner à tourner leur cœur et leur esprit vers celui qui doute, dont les mots certes adéquats et emplis d'une certaine cohérence esthétique ne font que cacher une carcasse de corps, un esprit par trop tourmenté ?

Tu souris, il n'y a pourtant pas de quoi. Si seulement il existait un moyen pour devenir un poisson, pour ne penser pour ainsi dire qu'à manger, boire, dormir et mourir ! Un moyen pour réduire ce qui me sert de cervelle à l'état déplorable de mes congénères. Bref, un moyen d'être comme toi, d'être comme tant d'autres, insouciants et ignorants ! Perdre ce qui fait que je suis pour enfin être. Oh, mais il existe peut-être un moyen. Il existe peut-être quelque breuvage oublié des chamanes, qui m'endormira à jamais. Ce qui calme les ardeurs et les délires schizophrènes serait forcément d'un secours immense à un esprit tel que le mien.

Laisse tomber. Tout cela n'en vaux pas la peine. Oublie tout ce que je viens d'écrire, ce n'est, encore une fois, qu'élucubrations d'un fou.

Je voulais être hors du monde. Tu sais, comme lorsque l'on sort d'une nuit passée à fumer et à regarder des films, ou bien même à lire. La fatigue s'ajoute alors à cette impression d'avoir vaincu la nuit en voyant poindre les premiers rayons de soleil. C'est là que j'écris le mieux, dans ces moments d'irréel où le monde peut très bien ne plus exister, marqué que je suis de la nuit.

J'ai connu bien des personnes durant ma (jusque-là) courte existence, et nombreuses étaient celles qui pouvaient me tirer hors du réel. J'ai connu Gatsby. J'ai connu Dean Moriarty. J'ai connu McMurphy, et Dionysos lui-même. Sans doute ai-je été l'un de ces visages-là par moments, pour certains. Mais cela ne suffit pas. Je voulais m'élever bien plus haut, bien plus loin, et c'est, je crois, ce qui aurait pu faire ma perte un jour.

Marquer l'histoire humaine, ne serait-ce que comme un nom en bas de page. Je ne veux pas entrer dans l'Histoire, surtout pas ! Ce serait l'occasion de devenir synonyme d'un parking ou d'une maison de retraite, et je n'ai pas cette prétention. Non. Simplement pouvoir tirer un peu de satisfaction à me dire que, quelque part, j'ai joué un rôle dans l'humanité ; que, peut-être, j'en ai été une incarnation. Un avatar. Aussi absurde que cela puisse paraître de prime abord, je pensais sincèrement que c'était en m'éloignant au mieux de la réalité que je pouvais devenir cela. Il ne s'agit pas de fuir, mais bien au contraire d'embrasser la transcendance de l'être humain.

La vie n'offre pas de telles opportunités. Le réel ne recule que par petits moments bien spécifiques, avant que le temps ne réclame ses droits. J'ai aimé, j'ai pleuré, j'ai perdu et j'ai raté. Me voilà vieux et esseulé, cloîtré dans une maisonnette de campagne à taper frénétiquement au clavier ce que je pense être les derniers mots que j'adresserai au monde. Oh, on pourra rire de moi, se dire que je n'ai pas vécu, qu'un quart de siècle ne suffit pas, et que la vie se déroule toujours sous mes pieds. Mais je connais le chemin.

Bientôt, on viendra saisir mes biens. Comme toute caricature d'écrivain, j'ai des dettes, et elles arrivent à échéance. Ce livre sur lequel je planche, ce n'est pas tant un moyen de me racheter qu'un testament. Je vais disparaître, tu en es peut-être consciente, et je veux léguer à notre génération au moins un petit peu de ce qu'elle m'a offert.

Notre génération verra la fin du travail, la fin du pétrole, la fin de notre écosystème. Si l'on est optimiste, elle verra peut-être le début d'une nouvelle étape dans l'évolution humaine, elle trouvera le moyen de rendre l'air respirable de nouveau et l'eau potable, et enfantera pour la première fois hors de notre monde natal. Mais tout cela, notre génération n'en bénéficiera pas. Elle n'entrera pas dans l'Histoire, elle n'est qu'un relais pour un passage de bâton plus important. Au mieux, elle sauvera la Terre. Au pire, elle en verra la destruction. Voilà le sacrifice de notre génération : nous n'entrerons pas dans l'Histoire, car l'Histoire pourrait très bien se terminer avec nous.

Oh, je sais bien que peu d'entre nous ont pleinement conscience de ces enjeux. Ils font d'excellents psychonautes, ceux qui voient le tableau d'ensemble, qui comprennent les lois qui régissent notre monde et qui prévoient sa course. Mais la compréhension des moindres rouages ne va pas sans une certaine désensibilisation. Le monde perd de son éclat : les montagnes ne sont plus que des collines, les océans des lacs. Il faut nous relier au monde, nous y insérer de nouveau, et cela passe par l'émotion. « *We think too much and feel too little* », disait un Chaplin il y a plus de soixante-dix ans. La compréhension nous éloigne du monde, l'émotion le rend merveilleux. Il nous faut des gens merveilleux.

Où en trouve-t-on à profusion ? Parmi ceux qui célèbrent la vie. Parmi les fêtards, recherchant à s'extirper de ce monde glauque par camaraderie joyeuse. Même Dionysos avait son culte à mystères… La dépendance n'est pas une question, ici, puisque ces êtres ne sont dépendants qu'à la vie et au monde. C'est une notion difficile à appréhender : pour celui qui analyse en permanence les moindres symphonies, avoir la possibilité de perdre momentanément cette compréhension pour ressentir la musique en profane n'a réellement pas de prix.

Voilà pourquoi je m'intéresse aux fêtards, au point d'y consacrer un livre. Tu le sais, je suis plus observateur que réalisateur, j'écris sur les demi-dieux en me tenant sur leurs épaules. Je t'enverrai bientôt quelques extraits de ce que j'ai réussi à produire.

Bibliographie

Daria, saison 2, épisode 8 : *Gifted (Chez les surdoués)*. Série télévisée d'animation de Susie Lewis Lynn et Glenn Eichler. Diffusé sur MTV le 29 juin 1998, 22 min.

Kaamelott, Livre III, épisode 86 : *La Chevalerie*. Série télévisée humoristique de Alexandre Astier et Alain Kappauf. Diffusé sur M6 le 8 mars 2006. 3 min.

L'air de la campagne, épisode 1 : *Gauche et droite sont-elles savon ou assurance ?*. Série politique de Usul et Thibault Jeandemange. Diffusé sur Mediapart Live le 2 novembre 2016, 5 min.

Community, saison 1, épisode 1 : *Pilot (Bienvenue à Greendale !)*. Sitcom de Dan Harmon. Diffusé sur NBC le 17 septembre 2009, 22 min.

Ghost in the Shell : Stand Alone Complex, saison 1, épisode 26 : *Kōan Kyūka, Futatabi STAND ALONE COMPLEX (C : Stand Alone Complex)*. Série d'animation japonaise de Kenji Kamiyama. Diffusé sur Animax le 25 mars 2003.

a, *Horizon*, épisode 1 : *L'habit fait le moine*. Série de sciences sociales de Horizon Gull. Sur https://www.youtube.com/watch?v=ZvURR83ohcg, 7 janvier 2014, consulté le 18 avril 2017.

b, *Horizon*, épisode 2 : *La soumission au costume*. Série de sciences sociales de Horizon Gull. Sur https://www.youtube.com/watch?v=lzugeIXsLxc, 12 mai 2014, consulté le 18 avril 2017.

c, *Horizon*, épisode 3 : *La France a peur : le syndrome du grand méchant monde*. Série de sciences sociales de Horizon Gull. Sur https://www.youtube.com/watch?v=8WiiqssAME4, 11 novembre 2014, consulté le 18 avril 2017.

d, *Horizon*, épisode 4 : *Mythologie publicitaire de la voiture*. Série de sciences sociales de Horizon Gull. Sur https://www.youtube.com/watch?v=1JQE4YZS1Cg, 21 juillet 2016, consulté le 18 avril 2017.

Hygiène Mentale, épisode 5 : OVNI *: l'origine des soucoupes volantes (le modéle socio-psychologique)*. Série de zététique de Christophe Michel. Sur https://www.youtube.com/watch?v=_f6HzL0Nh2g, 27 juin 2015, consulté le 23 avril 2017.

Attention danger travail. Pierre Carles, Christophe Coello et Stéphane Goxe. France, 2003. Documentaire, 109 min.

Braves gens, n'ayez plus peur. Collectif Panic!. France, 2008. Documentaire, 92 min.

Chomsky & Cie. Olivier Azam et Daniel Mermet. France, 2008. Documentaire, 112 min.

The Great Dictator (Le Dictateur). Charlie Chaplin, avec Charlie Chaplin, Paulette Goddard et Jack Oakie. États-Unis, 1940. Comédie burlesque, 124 min.

Un idiot à Paris. Serge Kober, avec Jean Lefebvre, Dany Carrel et Bernard Blier. France, 1967. Comédie, 90 min.

J'ai vomi dans mes cornflakes. Pierrick Servais, avec François Müller. France, 2004. 3 min.

Kōkaku Kidōtai (Ghost in the Shell). Mamoru Oshii, avec Atsuko Tanaka, Akio Ōtsuka et Iemasa Kayumi. Japon, 1995. Film d'animation, 82 min.

Matrix. Les Wachowski, avec Keanu Reeves, Laurence Fishburne, Carrie-Anne Moss, Hugo Weaving et Joe Pantoliano. États-Unis, 1999. Science-fiction, 130 min.

Les Nouveaux Chiens de garde. Gilles Balbastre et Yannick Kergoat. France, 2012. Documentaire, 104 min.

Vive la banqueroute ! Entretien avec Frédéric Lordon. par le journal *Fakir*, sur https://www.youtube.com/watch?v=Ds85pZcUiys, 15 mai 2013, consulté le 18 avril 2017.

« Suicide : autopsie psychologique et prévention ». 2010, Inserm, sur https://www.inserm.fr/thematiques/sante-publique/dossiers-d-information/suicide-autopsie-psychologique-et-prevention, consulté le 22 avril 2017.

« Aujourd'hui, veille de rentrée... ». septembre 2011, sur http://www.viedemerde.fr/index.php/article/aujourd-hui-veille-de-rentree-je-suis-en-panique-car-tous-mes-amis-ont-acces-a-leur-emploi-du_31281.html, consulté le 26 mai 2017.

« Que faire et à qui s'adresser face à une crise suicidaire ? ». 2014, Ministère des Affaires sociales et de la santé, sur http://social-sante.gouv.fr/prevention-en-sante/sante-mentale-et-psychiatrie/article/que-faire-et-a-qui-s-adresser-face-a-une-crise-suicidaire, consulté le 22 avril 2017.

Harry J. ANSLINGER et Will OURSLER, *Les trafiquants de la drogue*. Paris, Fayard, 1963, trad. Jacques Brécard.

ARISTOTE, *Parties des animaux*. Paris, Les Belles Lettres, 1956, trad. Pierre Louis.

Frédéric BARRUEL et Olivier FILATRIAU, « Les entreprises créées en 2006 : une pérennité plus faible dans la construction ». *In Insee Première*, n° 1441. Insee, avril 2013.

Christian BAUDELOT et Roger ESTABLET, *Suicide : l'envers de notre monde*. Paris, Le Seuil, coll. « Essais », 2016.

Jean BAUDRILLARD, *Simulacres et simulation*. Paris, Galilée, coll. « Débats », 1981.

François BECK, Romain GUIGNARD, Enguerrand DU ROSCOÄT et Thomas SAÏAS, « Tentatives de suicide et pensées suicidaires en France en 2010 ». *In Bulletin épidémiologique hebdomadaire*, n° 47 – 48, décembre 2011.

Henri BERGSON, *Matière et mémoire : essai sur la relation du corps à l'esprit.* Paris, Flammarion, coll. « GF » (n° 1484), 2012.

Edward BERNAYS, *Propaganda : comment manipuler l'opinion en démocratie.* Paris, Zones, 2007, trad. Oristelle Bonis.

Nathalie BLANPAIN et Liliane LINCOT, « Avoir trois enfants ou plus à la maison ». *In Insee Première*, n° 1531. Insee, janvier 2015.

Nick BOSTROM, « Are we living in a computer simulation ? ». *In The Philosophical Quaterly*, vol. 53, n° 211, pp. 243–255, 2003.

Pierre BOURDIEU, *Esquisse d'une théorie de la pratique. Précédé de « Trois études d'ethnologie kabyle ».* Genève, Librairie Droz, coll. « Travaux de Sciences Sociales », 1972.

Pierre BOURDIEU, *Sur la télévision.* Paris, Liber-Raisons d'agir, 1996.

Pierre BOURDIEU et Jean-Claude PASSERON, *Les héritiers : les étudiants et la culture.* Paris, Les Éditions de Minuit, coll. « Grands documents » (n° 18), 1964.

John T. CACIOPPO et Stephanie CACIOPPO, « Social relationships and health : the toxic effects of perceived social isolation ». *In Social & Personality Psychology Compass*, vol. 8, n° 2, pp. 58–72, février 2014.

John T. Cacioppo, Stephanie Cacioppo, Steven W. Cole, John P. Capitanio, Luc Goosens et Dorret I. Boomsma, « Loneliness across phylogeny and a call for comparative studies and animal models ». *In Perspectives on Psychological Science*, vol. 10, nº 2, pp. 202–212, mars 2015.

John T. Cacioppo et William Patrick, *Loneliness : Human nature and the need for social connection*. New York, WW, Norton & Company, 2008.

John B. Calhoun, « Population density and social pathology ». *In Scientific American*, vol. 206, nº 3, pp. 139–148, 1962.

Albert Camus, *Le Mythe de Sisyphe : essai sur l'absurde*. Paris, Gallimard, coll. « Idées », 1942.

Jean Chapelon, « L'impact économique de la sécurité routière ». *In Les Tribunes de la santé*, vol. 21, pp. 65–70, 2008.

Noam Chomsky, *Le Langage et la Pensée*. Lausanne, Payot, coll. « Petite bibliothèque Payot », 1990.

Noam Chomsky et Edward S. Herman, *La fabrication du consentement : De la propagande médiatique en démocratie*. Marseille, Agone, 2008.

Nicholas A. Christakis et James H. Fowler, *Connected : The surprising power of our social networks and how they shape our lives*. New York, Little, Brown and Company, 2009.

La croissance du parc automobile français en 2015…, mai 2015. Comité des Constructeurs Français d'Automobiles.

Charles de GRANRUT, « Tintin a-t-il marché sur la Lune ? ». *Science & Vie*, édition spéciale 14H « Tintin chez les savants », 2002, pp. 52 – 58.

René DESCARTES, *Méditations métaphysiques*. Paris, Hachette, coll. « Livre de poche. Classiques de la philosophie » (nº 4600), 1990, trad. duc de Luynes, revue par Michelle Beyssade.

René DESCARTES, *Principes de la philosophie*. Paris, Librairie philosophique J. Vrin, 1993, trad. abbé Picot.

Didier DESOR, *Contribution à l'étude du comportement social du rat*. Thèse d'État, Université de Nancy 1, Nancy, France, 1994.

Jérôme DOMENS et Justine PIGNIER, « Auto-entrepreneurs : au bout de trois ans, 90 %… ». *In Insee Première*, nº 1414. Insee, septembre 2013.

Charles DUCHAUSSOIS, *Flash ou le grand voyage*. Paris, Fayard, coll. « Le Livre de Poche » (nº 3730), 1971.

Lea DUNN et Joandrea HOEGG, « The impact of fear on emotional brand attachment ». *In Journal of Consumer Research*, vol. 41 (1), pp. 152–168, 2014.

Albert EINSTEIN, « Le danger fasciste et le chômage » [« Die fascistische Gefahr und Arbeitslosigkeit »], lettre au *New York Herald Tribune*, 30 avril 1939.

Gustave FLAUBERT, *Dictionnaire des idées reçues*. Paris, Louis Conard, 1913.

David Robert GRIMES, « On the viability of conspiratorial beliefs ». *In PloS one*, vol. 11, nº 1, janvier 2016.

Patrick HAGGARD, « Conscious intention and motor cognition ». *In Trends in cognitive sciences*, vol. 9, nº 6, pp. 290–295, 2005.

Serge HALIMI, *Les Nouveaux Chiens de garde*. Paris, Liber-Raisons d'agir, 1997.

Martin HEIDEGGER, *Qu'est-ce que la métaphysique ?* Paris, Nathan, coll. « Les intégrales de la philo », 1985, trad. Henry Corbin.

Thomas HOBBES, *Léviathan*. Paris, Gallimard, coll. « Folio », 2000, trad. Gérard Mairet.

Julianne HOLT-LUNDSTAD, Timothy B. SMITH, Mark BAKER et David STEPHENSON, « Loneliness and social isolation as risk factors for mortality : a meta-analytic review ». *In Perspectives on Psychological Science*, vol. 10, nº 2, pp. 227–237, mars 2015.

David HUME, *Enquête sur l'entendement humain*. Paris, Aubier, 1947, trad. André Leroy.

Kinji IMANISHI, « Social behavior in Japanese monkeys ». *In Primate Social Behavior*, 1963. Charles A. Southwick, ed. Toronto, Van Nostrand.

Emmanuel Kant, *Qu'est-ce que les Lumières ?, In Éléments métaphysiques de la doctrine du droit.* Paris, Auguste Durand, 1853, pp. 281 – 288, trad. Jules Barni.

Emmanuel Kant, *Fondements de la Métaphysique des mœurs.* Paris, Delagrave, 1999, trad. Victor Delbos.

Daniel Keyes, *Des fleurs pour Algernon.* Paris, J'ai lu, coll. « Science-fiction » (n° 427), 1972, trad. Georges H. Gallet.

Arthur Koestler, *Le Cheval dans la locomotive,* [« The ghost in the machine »]. New York, Macmillan, 1967.

Moussa Laanani, Walid Ghosn, Éric Jougla et Grégoire Rey, « Association entre taux de chômage et suicide, par sexe et classe d'âge, en France métropolitaine, 2000 – 2010 ». *In Bulletin épidémiologique hebdomadaire,* n° 1 – 2, janvier 2015.

Henri Laborit, *Éloge de la fuite.* Paris, Gallimard, coll. « Folio essais » (n° 7), 1976.

Paul Lafargue, *Le Droit à la paresse.* Paris, Mille et Une Nuits, 1994.

Dominique Laplane, « La pensée sans langage ». *In Études,* vol. 394, pp. 345–357, 2001.

Jean-Marc Leclerc, « Un Français sur cinq a peur dans son quartier ». *Le Figaro,* décembre 2013, sur http://www.lefigaro.fr/actualite-france/2013/12/18/01016-20131218ARTFIG00535-le-sentimentd-insecurite-n-a-jamais-ete-aussi-fort-depuis-sept-ans.php, consulté le 5 mai 2017.

Benjamin Libet, Curtis A. Gleason, Elwood W. Wright et Dennis K. Pearl, « Time of conscious intention to act in relation to onset of cerebral activity (readiness-potential) ». *In Brain*, vol. 106, pp. 623–642, 1983.

Elizabeth F. Loftus, « When a lie becomes memory's truth : memory distortion after exposure to misinformation ». *In Current Directions in Psychological Science*, vol. 1, n° 4, pp. 121–123, 1992.

Frédéric Lordon, « Politique post-vérité ou journalisme post-politique ? ». *Le Monde diplomatique*, novembre 2016, paru sur *La pompe à phynance* le 22 novembre 2016 : https://blog.mondediplo.net/2016-11-22-Politique-post-verite-ou-journalisme-post, consulté le 2 avril 2017.

Frédéric Lordon, « Charlot ministre de la vérité ». *Le Monde diplomatique*, février 2017, paru sur *La pompe à phynance* le 22 février 2017 : https://blog.mondediplo.net/2017-02-22-Charlot-ministre-de-la-verite, consulté le 2 avril 2017.

Maurice Merleau-Ponty, *Le visible et l'invisible*. Paris, Gallimard, 1964.

Christian Morrisson, « La Faisabilité politique de l'ajustement ». *In Cahier de politique économique*, vol. 13. Centre de développement de l'ocde, 1996.

Georges Moustaki, *Ma liberté.* (2'43"), album : *Bobino 70*, CD Polydor, 2014.

Friedrich Nietzsche, *Par-delà le bien et le mal.* Paris, 10/18, 1970, trad. Geneviève Bianquis.

Friedrich Nietzsche, *Généalogie de la morale.* Paris, Gallimard, coll. « Folio Essais » (n° 16), 1971, trad. Isabelle Hildenbrand et Jean Gratien.

Friedrich Nietzsche, *Le Crépuscule des idoles.* Paris, Denoël Gonthier, coll. « Bibliothèque méditations » (n° 68), 1973, trad. Henri Albert.

Friedrich Nietzsche, *Le Gai Savoir.* Paris, Hachette, coll. « Livre de poche. Classiques de la philosophie » (n° 4620), 1993, trad. Henri Albert, revue par Marc Sautet.

Friedrich Nietzsche, *Correspondance avec Malwida von Meysenbug.* Paris, Allia, 2005, trad. Ludovic Frère.

Suicide. Connaître pour prévenir : dimensions nationales, locales et associatives, février 2016. Obervatoire National du Suicide.

Jessica Olien, « La solitude nuit gravement à la santé : l'isolement social tue plus que l'obésite... ». *Slate*, septembre 2013, sur https://www.slate.fr/story/76928/solitude-sante, consulté le 10 mai 2017.

Prévention du suicide : l'état d'urgence mondial, 2014. Organisation mondiale de la Santé.

George Orwell, *1984*. Paris, Gallimard, coll. « Folio » (nº 822), 1950, trad. Amélie Audiberti.

Chuck Palahniuk, *Fight Club*. Paris, Gallimard, coll. « Folio Science-fiction » (nº 95), 1999, trad. Freddy Michalski.

Blaise Pascal, *Pensées*. Paris, Flammarion, coll. « GF » (nº 266), 1976.

Karl R. Popper, *Conjectures et réfutations : la croissance du savoir scientifique*. Payot, coll. « Bibliothèque scientifique », 2006, trad. Michelle-Irène Brudny et Marc Buhot de Launay.

Samuel Birley Rowbotham, *Zetetic Astronomy : Earth Not a Globe*. Londres, John B. Day, 1873.

François Ruffin, *Les petits soldats du journalisme*. Paris, Les Arènes, 2003.

J. D. Salinger, *L'Attrape-cœurs*, [« The Catcher in the Rye »]. New York, Little, Brown and Company, 1951.

Jean-Paul Sartre, *La Nausée*. Paris, Gallimard, 1938.

Arthur Schopenhauer, *Essai sur le libre arbitre*. Paris, Rivages, coll. « Petite Bibliothèque » (nº 66), 1992, trad. Salomon Reinach.

Arthur Schopenhauer, *L'Art d'avoir toujours raison : la Dialectique éristique*. Paris, Mille et Une Nuits, coll. « La Petite Collection » (nº 191), 1998, trad. Dominique Miermont.

Baruch SPINOZA, *Traité politique. Lettres*. Paris, Flammarion, coll. « GF / Œuvres », 1966, trad. Charles Appuhn.

Baruch SPINOZA, *Éthique*. Paris, Flammarion, coll. « GF / Œuvres », 1993, trad. Charles Appuhn.

Andrew STEPTOE, Aparna SHANKAR, Panayotes DEMAKAKOS et Jane WARDLE, « Social isolation, loneliness, and all-cause mortality in older men and women ». *In Proceedings of the National Academy of Sciences*, vol. 110, nº 15, pp. 5797–5801, avril 2013.

Bernard STIEGLER, *Travailler demain*. « Trousses de secours en période de crise, saison 2 : la crise du travail », conférence enregistrée au théâtre du Rond-Point le 20 mars 2014.

Hunter S. THOMPSON, *Las Vegas parano*. Paris, 10/18, coll. « Domaine étranger », 1994, trad. Philippe Mikriammos.

Marie-Amélie VINET, Anaïs Le JEANNIC, Thomas LEFEVRE, Céline QUELEN et Karine CHEVREUL, « Le fardeau économique du suicide et des tentatives de suicide en France ». *In Revue d'Épidémiologie et de Santé Publique*, vol. 62, pp. 62–63, février 2014.

Tom WOLFE, *Acid test*. Paris, Éditions du Seuil, coll. « Points » (nº 313), 1975, trad. Daniel Mauroc.

François YAOUANCQ et Michel DUÉE, « Les sans-domicile et l'emploi : des emplois aussi fragiles que leurs conditions de vie ». *In Insee Première*, n° 1494. Insee, avril 2014.

Index

Table

Achevé d'imprimer en juillet 2017
aux États-Unis par Lulu Press, Inc.
627 Davis Drive, Suite 300,
Morrisville, NC 27607.

Éditions Yomli – 14 rue du Beuvron
41120 Ouchamps
Dépôt légal : juillet 2017